Philipp Viktor Paulitschke, Dominik Kammel von Hardegger

Die geographische Erforschung der Adâl-Länder und Harâr's in Ostafrika

Philipp Viktor Paulitschke, Dominik Kammel von Hardegger

Die geographische Erforschung der Adâl-Länder und Harâr's in Ostafrika

ISBN/EAN: 9783743654341

Hergestellt in Europa, USA, Kanada, Australien, Japan

Cover: Foto ©Andreas Hilbeck / pixelio.de

Weitere Bücher finden Sie auf **www.hansebooks.com**

DIE

GEOGRAPHISCHE ERFORSCHUNG

DER

ADÂL-LÄNDER

UND

HARÂR'S

IN OST-AFRIKA.

MIT RÜCKSICHT AUF DIE EXPEDITION DES Dr. Med. DOMINIK KAMMEL,
EDLEN VON HARDEGGER

VERÖFFENTLICHT

VON

Dr. PHILIPP PAULITSCHKE,

K. K. PROFESSOR AM HERNALSER STAATSGYMNASIUM, PRIVATDOCENTEN DER GEOGRAPHIE AN DER
UNIVERSITÄT IN WIEN.

LEIPZIG.
VERLAG VON PAUL FROHBERG.
1884.

VORWORT.

Als ich von der im Jahre 1880 mit Unterstützung des k. k. Ministeriums für Cultus und Unterricht unternommenen kurzen Studienreise in das Nilthal heimgekehrt war, lud mich mein verehrter Freund, der als ausgezeichneter Waidmann und Schütze bekannte Gutsbesitzer Dr. med. Dominik Kammel, Edler von Hardegger, ein, ihn auf einer Reise nach einem der weniger bekannten Theile des ägyptischen Territoriums zu begleiten. Irgend ein Gebiet des östlichen ägyptischen Sûdân's sollte ausersehen und hier Alles, was für die Wissenschaft von Werth und Interesse ist, untersucht und erforscht und womöglich zoologische, botanische, geologische und ethnographische Sammlungen angelegt, dabei aber auch des edlen Waidwerks nicht vergessen werden. Ich wandte mich, in dieser Einladung eine günstige Gelegenheit wahrnehmend, für die in unseren Tagen so sehr vernachlässigte Detailerforschung Afrika's etwas thun zu können, um freundlichen Rath an Herrn Professor Dr. Schweinfurth in Kairo, welcher mit bekannter Güte und Liebenswürdigkeit zu dem genannten Zwecke die Bereisung der Bogosländer am oberen Barka, den Setit in Süd-Taka oder das Gebiet am weissen Nil bei Faschoda, namentlich aber die Nuba-Berge und das Baqqâra-Gebiet in Süd-Kordofan empfahl, dabei aber auch auf das noch sehr unzureichend erforschte von Aegypten in Besitz genommene Harâr aufmerksam machte. Da nun bald darauf der Ma'hdi im ägyptischen Sûdân die Fahne des Aufruhrs erhob, musste der Plan, an den Bahr el-abjad oder Atbara zu gehen, aufgegeben werden. Herr Dr. von Hardegger hatte sich wohl auch schon früher für eine Tour nach Harâr entschieden und Herr Prof. Dr. Schweinfurth hatte eine wissenschaftliche Reise dahin als ein Glück für die Erdkunde bezeichnet.

Die wissenschaftlichen Arbeiten auf der nach Harâr zu unternehmenden Reise sind in der Art vertheilt worden, dass ich die Besorgung des Geographischen und Ethnographischen übernahm, während Herr Dr. von Hardegger seine Thätigkeit auf die von Jugend an mit besonderer Vorliebe von ihm gepflegten naturwissenschaftlichen Fächer als Geologie, Geognosie, Zoologie und Botanik concentriren will. Ein Arzt und ein Präparator sollen die Expedition als Hilfskräfte begleiten.

Ich unterzog während der zur Vorbereitung bemessenen Zeit das zu bereisende Gebiet auf Grund der vorhandenen Forschungsresultate einem sorgfältigen Studium und orientirte mich ganz besonders über die bisherigen Leistungen auf dem Gebiete der Gesammtgeographie der Adâl-Landschaften und Harâr's. Die folgenden Seiten enthalten Daten über die Fortschritte der Kenntniss eines interessanten Theiles von Ost-Afrika und eine Beleuchtung der Desiderat-Punkte, welchen zu entsprechen von Forschungsreisenden ein für allemal verlangt werden muss.

Der geographischen Nomenclatur, besonders jener der arabischen Namen, habe ich bei dem Umstande, dass die afrikanische Namenkunde arg darniederliegt, in dieser kleinen Arbeit ein erhöhtes Augenmerk zugewendet. Meinem Lehrer der arabischen Sprache, Prof. Dr. Adolf Wahrmund in Wien, habe ich für die freundliche Unterstützung hierbei meinen besten Dank zu sagen.

Den Herren Prof. G. Dalla Vedova in Rom und E. C. Rye, Bibliothekar der Royal Geographical Society in London, bin ich für ihre freundliche Mithilfe bei Beschaffung schwer zu erlangender Literaturbehelfe zu besonderem Danke verpflichtet, den ich hiermit abzustatten mir erlaube.

Wien, am 15. Februar 1884.

Der Verfasser.

INHALT.

	Seite
Vorwort	V—VI
I. Die älteste Kunde von den Adâl-Landschaften	1
II. Geographische Daten der Araber	11
III. Marco Polo und die Kartographen des Abendlandes . . .	18
IV. Portugiesische Reisende und gelehrte Compilatoren	26
V. Die Kartographen von Mercator bis D'Anville	44
VI. Neuere Reisende in Abessinien	50
VII. Forschungsreisende in den Adâl-Ländern und in Harâr	57
VIII. Zweck und Ziele der Expedition des Dr. Dominik Kammel von Hardegger	86
IX. Das Wichtigste aus der neueren Literatur über die Adâl-Länder, Harâr und deren Nachbargebiete	97

I.

Die älteste Kunde von den Adâl-Landschaften.

Unter den Landmassen Ostafrikas nehmen die Länder der 'Adâl[1]) und Harâr[2]) sowohl durch ihre geographische Lage, wie in Folge ihrer

---

[1]) 'Adâl ist wol die richtige Schreibweise des Namens des Afer-Volkes. Nach Isenberg (Dictionary of the Amharic language, London 1841, p. 205) ist አፋል die abessinische Bezeichnung der Danâkil, von dem vornehmsten Stamme derselben Ad Alli abgeleitet. Arabisch lautet der Name richtig عدل = 'Adâl. Auf den Karten alter und neuer Zeit findet sich namentlich auf ersteren ausschliesslich Adél oder Adail, auch Adaiel. Ohne Zweifel gab der Adâl-Stamm schon in sehr alter Zeit einem grossen muhammedanischen Staatencomplex, der die ganze Somâlhalbinsel füllte, den Namen (Adel regnum besser Adela regnum). Die Etymologie des Namens ist noch nicht völlig aufgeklärt, vgl. d'Abbadie's Angaben im Journal des Débats vom 29. October 1842 und im Bulletin de la Société de géographie de Paris, 1842, Février, und das „Ausland" 1842, No. 116. Unbegreiflich ist die Ableitung Mohammed Moktar Bey's im Bulletin de la Société Khédiviale de géographie, 1876, p. 351, welcher den Namen Adel von dem Somali-Namen Awlâd-Aly herleitet und bemerkt, der Name sei „évidemment formé" von Awlâd-Aly. Schon bei Maqrîzî (Historia regum islamiticorum in Abyssinia edit. Rinck, Lugd. Bat. 1790, p. 2) ist ein Clima benannt Adel el-omra. Auch Fra Mauro kennt eine Provincia Adel. Neuere Reisende sind verschiedener Meinung; Johnston (Travels in Southern Abyssinia through the country of Adal etc., London 1844, I. Bd., p. 11) meint, dass „the word Aduli (aus: Ad Alli) was the origin of the Greek Adulis and of the modern nom Adal". Combes und Tamisier (Voyage en Abyssinie, Paris 1838, Bd. II, p. 140) nennen die Galla Adal. Burton (First footsteps in East Africa; or an exploration of Harar, London 1856, p. 21) sagt Zeila werde genannt „Audal or Auzal by the Somal", dann (p. 305): „Adel is the Dankali and ancient Somal". Kartographen sollten den Namen stets nur in ethnographischem Sinne gebrauchen. Adâl ist nach Krapf (Reisen in Ost-Afrika, Kornthal u. Stuttgart 1858, I, p. 45, englisch: Travels, researches, and missionary labours, London 1860, p. 15) der abessinische Name der Afer-Nation. Die arabischen Auswanderer aus Yemen sollen sich Afer d. i. „Umherziehende", „Wanderer" genannt haben. Ueber ‚Adaiel' und ‚Danakil' vgl. auch die deutsche Uebersetzung von Harris' Gesandtschaftsreise nach Schoa, Stuttgart und Tübingen 1846, II, Anhänge pp. 153 f.

[2]) So wol einzig richtig geschrieben, wiewol der Name in verschiedenen Formen überliefert ist, so Herer, Härrär, Hurah, Hurrur, Hörör, Arar, Adar, Aduri, Arägwé. Isenberg a. a. O. p. 203 schreibt: አረርጌ = Arärgé ist die ahessinische Bezeichnung für Harâr. Burton (First footsteps in East Africa, London 1856, p. 304) berichtet, bei den Gallas heisse Harâr „Adaray". Haggenmacher (Ergänzungsheft zu Petermann's Mittheilungen No. 47, p. 44) berichtet, der Name werde vom Worte „erer" = schnell (das Gefälle eines Flusses bezeichnend) abgeleitet. Nach einer anderen Version seien die Bewohner Harâr's in Töpferwaaren-Herstellung sehr tüchtig gewesen und hätten von Athari = Töpferwaare den an der Küste gebrauchten Namen Ad'ari erhalten. Johnston a. a. O., II, p. 359 nennt die Stadt Hurra als die Hauptstadt von 'Adâl.

Geschichte einen hervorragenden Platz ein. Einmal bilden ihre Hafenplätze *Tadschúra*, *Sélä (Zeila)* und *Berbéra* wichtige Angriffspunkte bei dem grossen Erforschungswerke des afrikanischen Continents, und dann bildeten die Abessinien im Südosten begrenzenden Niederungen an der Mündung des *Hawasch* [1]) und die Stufenländer, welche den Aufstieg zum Hochplateau der westlichen Somâlländer bilden, im Gegensatze zu dem christlichen Abessinien einen Hauptherd muhammedanischer Bestrebungen in Afrika. Der Fanatismus der Islamiten oder vielmehr die durch langwierige Kämpfe zwischen Christen und Muhammedanern erzeugte und auf die Nachwelt übertragene religiöse Erbitterung war auch der einzige Factor, welcher selbst in neuerer Zeit das Eindringen von Forschungsreisenden verhindert hat, während die Natur gerade in diesem Theile Afrika's willfähriger zu sein scheint.

Schon die alten Aegypter hatten eingehende, zum Theil auf Autopsie beruhende Kunde von den Küsten- und Binnenlandschaften zwischen dem 40. und 52.° östlicher Länge von Greenwich und dem 10. und 15.° nördlicher Breite und aus den Inschriften der XII. bis XXII. Dynastie geht hervor, dass schon in uralter Zeit Seefahrten nach dem Weihrauch und Myrrhe erzeugenden Lande *Punt* nichts Ungewöhnliches gewesen sind. *Punt* ist nun nach der übereinstimmenden Meinung der hervorragendsten Aegyptologen an der Ostküste von Afrika zu suchen in *Ta-Nuter*, dem Gotteslande, in dem Gebiete von *Hun-Nufer*. Brugsch und Dümichen wollen unter *Punt* beide Küsten der Strasse von *Bâb el-mándeb* angesehen haben, während es Mariette nur an der Somâl-Küste gesucht wissen und unter den Inschriften des Tempels *Dâr el-bahrî* sogar Namen noch jetzt existirender *Somâl*-Dörfer aus der Umgegend des Osthorns von Afrika entdeckt haben will.[2]) In jüngster Zeit hat Schumann in einer kritischen Untersuchung über die Zimtländer [3]) *Punt* als mit dem griechischen

Dos Santos nennt nach Lobo (französ. Uebersetz. von Le Grand, Paris 1728, p. 224) *Arar* als die Hauptstadt von *Adel*, ebenso Marmol (*Description general de Affrica*, II, Malaga 1599, fol. LX, c. VII). Mit dem Namen der Stadt *Harâr* hat man auch die Umgebung der Stadt benannt.

[1]) Die Form *Hawasch* nicht das englische *Hawash*, sollte auf unseren Karten sich einbürgern. Der Italiener kann nicht anders transskribiren als *Hawash*. D'Anville hat die Form *Hawash*, de l'Isle jene *Haouache*. Fra Mauro schreibt *Auaxe*; andere namentlich portugiesische Quellen haben *Haouxe* oder *Aoaxe*, so Tellez, *Historia geral de Ethiopia*, Coimbra 1660, p. 22 und Karte.)

[2]) Vgl. Mariette, *Dâr-el-bahurî*, Leipzig 1877; Brugsch in den Verhandlungen des Berliner Orientalistencongresses, 3. Sect., II, 1 (Berlin 1882); Dümichen, Die Flotte einer aegyptischen Königin (Leipzig 1868); Lepsius, Nubische Grammatik (Berl. 1880), Einleitung.

[3]) Vgl. die durch feine Kritik sich auszeichnende Abhandlung: Kritische Untersuchungen über die Zimtländer. Ein Beitrag zur Geschichte der Geographie und des Handels. Gotha 1883. Ergänzungsheft No. 73 zu Petermann's Mittheilungen.

Opone für identisch erklärt und behauptet, dass *Punt* gewiss noch bis zu einem Punkte reichte, der mehrere Grade südlicher als *Opone* lag. Der commercielle Verkehr des alten Aegyptens mit dem Lande *Punt* galt der Erwerbung von Zimmt, Cassia und Weihrauch, von welchen das erstere edle Gewürz hier wahrscheinlich nur gehandelt, keineswegs aber producirt wurde [1]) und nahm unter der XXII. Dynastie sein Ende, um erst in den Zeiten der Ptolemaeer wieder aufzuleben. Das Waidwerk war es auch, dessentwegen die Ptolemaeer Fahrten nach Ostafrika unternahmen.

Dass der commercielle Verkehr mit diesen Landschaften, den später griechische Colonisten vermittelten, ein weitreichender gewesen sei und eine genauere Kenntnis des Territoriums zur Folge gehabt habe, als wir sie selbst noch vor kurzer Zeit hatten, mag uns Strabo [2]) (66—24 v. Chr.) beweisen, der im 16. Buche seiner Γεωγραφικὰ c. 769 bis 779 dem Eratosthenes und Artemidoros gefolgt ist und ziemlich reichhaltige Daten über die Südostküste des rothen Meeres geliefert hat. Der Küstenstrich des rothen Meeres bis an die Meerenge von *Bâb el-mándeb* hiess bei den Griechen Τρωγλοδυτικὴ. Das Vorgebirge *Himâr el-zijân*, der *Dschebel Dschenne* oder *Râs Bir* (12° n. Br.), das Δειρή des Strabo [2]), scheint die Grenze dieser Landschaft gegen Süd-Osten gewesen zu sein. Die bedeutendsten Städte des Küstenstriches waren Πτολεμαὶς θηρῶν, Ἀρσινόη und Βερενίκη, letztere Stadt hart an dem Vorgebirge Δειρή und bei der Stadt gleichen Namens gelegen. Die ganze Küste sowol an der Meerenge, als auch eine grosse Strecke ausserhalb derselben bedeckten Palmen-, Oliven- und Lorbeerbäume.[3]) Von Δειρή an ist die Küste nach Strabo gewürzreich, Myrrhe, Persea [4]) und ägyptische Feigen erzeugend. An derselben erwähnt Strabo [5]) bis zur „Zimmtgegend" hin, deren Lage und Ent-

---

[1]) Schumann, Kritische Untersuchungen etc., p. 4 f.
[2]) *Strabonis Geographica* (recognovit Aug. Meineke, Lipsiae 1866), lib. 16, c. 769: ποιεῖ δὲ ἄκρα τὰ στενὰ πρὸς τὴν Αἰθιοπίαν Δειρὴ καλουμένη, καὶ πολίχνιον ὁμώνυμον αὐτῇ.
[3]) Strabo, *Geographica* c. 773, 14.
[4]) Wol *Persea indica* Spr.
[5]) Strabo, *Geographica* c. 774, 14: Ὑπέρκειται (nämlich dem unmittelbaren östlichen Grenzlande von Δειρή) δ᾽ ἡ Δίχα θήρα τῶν ἐλεφάντων. πολλαχοῦ δ᾽ εἰσὶ συστάδες τῶν ὀμβρίων ὑδάτων, ὧν ἀναξηρανθεισῶν οἱ ἐλέφαντες ταῖς προβοσκίσι καὶ τοῖς ὁδοῦσι φρεωρυχοῦσι καὶ ἀνευρίσκουσιν ὕδωρ. ἐν δὲ τῇ παραλίᾳ ταύτῃ μέχρι τοῦ Πυθολάου ἀκρωτηρίου δύο λίμναι εἰσὶν εὐμεγέθεις· ἡ μὲν ἁλμυροῦ ὕδατος, ἣν καλοῦσι θάλατταν, ἡ δὲ γλυκέος, ἣ τρέφει καὶ ἵππους ποταμίους καὶ κροκοδείλους, περὶ τὰ χείλη δὲ πάπυρον· ὁρῶνται δὲ καὶ ἴβεις περὶ τὸν ποταμόν. ἤδη δὲ καὶ οἱ πλησίον τῆς ἄκρας τῆς Πυθολάου τὰ σώματα ὁλόκληροί εἰσι. μετὰ δὲ τούτοις ἡ λιβανωτοφόρος· ἐνταῦθα ἄκρα ἐστὶ καὶ ἱερὸν αἰγείρωνα ἔχον. ἐν δὲ τῇ μεσογαίᾳ ποταμία τις Ἴσιδος λεγομένη καὶ ἄλλη τις Νείλος. ἄμφω καὶ σμύρναν καὶ λίβανον παραπεφυκότα ἔχουσαι. ἔστι δὲ καὶ δεξαμενή τις

fernung von *Δειρή* er nicht näher bestimmt, eine *Λίχα θήρα*, zwei sehr grosse Seen, eine ἄκρα *Πυθολάου* (*Πυθολάου ἀκρωτήριον*), im Binnenlande eine *ποταμία Ἴσιδος* und *Νεῖλος*, beide Myrrhe und Weihrauch tragend, dann folgt ein wasserreiches Bergland, hierauf die *Λέοντος σκοπή* und dann der Hafen des *Pythangelus* und an diesen angrenzend mehrere Weihrauch tragende Flussgebiete und dann noch einen Fluss, der mit vielem Schilfe bewachsen ist und die *κινναμωνοφόρος* begrenzt. Es folgt abermals ein Fluss, dann ein *Δαφνοῦς λιμήν* und die sogenannte Flussgegend des *Apollo*, die neben Weihrauch auch Myrrhe und Zimmt hervorbringt, welch' letzterer, wie Strabo hinzufügt, in den Niederungen reichlicher wächst, dann das *Elephas*-Gebirge, in das Meer hineinragend, hierauf ein Canal und dann der grosse *Ψυγμοῦ λιμήν*, zuletzt das Südhorn (*Νότου κέρας*), ein Vorgebirge der Küste. Ueber dieses Vorgebirge hinaus, gegen Süden zu, kennt man nach Artemidoros keine Häfen oder Plätze mehr, weil die Küste in ihrem weiteren Verlaufe unbekannt ist.[1]) Die Entfernung, respective die Länge der Küste von *Δειρή* bis *Νότου κέρας* ist, bemerkt Strabo, nicht bekannt. Die Gegend sei reich an Elephanten, dann *λέουσι τοῖς καλουμένοις μύρμηξιν*, Panthern, Rhinoceroten, Giraffen, Affen, Schlangen u. s. w.

Dieses ziemlich reichhaltige topographische Detail Strabo's zu localisiren ist äusserst schwierig, weil von den späteren Geographen des Alterthums, die über diese Gegend gehandelt haben, nur der *Δαφνοῦς λιμήν* und das Elephanten-Gebirge, der erstere von dem Verfasser des *Periplus maris Erythraei*, das letztere von Ptolemaeos[2]) erwähnt wird, freilich an einer Stelle und derartig im Zusammenhange mit anderen topographischen localisirbaren Angaben, dass wir den *Δαφνοῦς λιμήν* unfern des Osthorns Afrika's zu suchen haben.[3]) Der

τοῖς ἐκ τῶν ὀρῶν, ὕδασι πληρουμένη καὶ μετὰ ταῦτα *Λέοντος σκοπὴ* καὶ *Πυθαγγέλου λιμήν·* ἡ δ' ἑξῆς ἔχει καὶ ψευδοκασίαν συνεχῶς δ' εἰσι ποτάμιαί τε πλείους ἔχουσαι λίβανον παραπεφυκότα καὶ ποταμοὶ μέχρι τῆς *κινναμωμοφόρου·* ὁ δ' ὁρίζων ταύτην ποταμὸς φέρει καὶ φλοῦν πάμπολυν· εἶτ' ἄλλος ποταμὸς καὶ *Δαφνοῦς λιμὴν* καὶ ποταμία *Ἀπόλλωνος* καλουμένη, ἔχουσα πρὸς τῷ λιβάνῳ καὶ σμύρναν καὶ κιννάμωμον· τοῦτο δὲ πλεονάζει μᾶλλον περὶ τοὺς ἐν βάθει τόπους· εἶθ' ὁ *Ἐλέφας* τὸ ὄρος ἐκκείμενον εἰς θάλατταν, καὶ διώρυξ καὶ ἐφεξῆς *Ψυγμοῦ λιμὴν* μέγας καὶ ἕδρευμα τὸ κυνοκεφάλων καλούμενον, καὶ τελευταῖον ἀκρωτήριον τῆς παραλίας ταύτης, τὸ *Νότου κέρας*. κάμψαντι δὲ τοῦτο ὡς ἐπὶ μεσημβρίαν οὐκέτι, φησίν (nämlich: *Artemidoros*), ἔχομεν λιμένων ἀναγραφὰς οὐδὲ τόπων διὰ τὸ μηκέτι εἶναι γνώριμον ἐν τῇ ἑξῆς παραλίᾳ.

[1]) Strabo, *Geographica*, c. 774, 15: ἔχομεν λιμένων ἀναγραφὰς οὐδὲ τόπων διὰ τὸ μηκέτι εἶναι γνώριμον ἐν τῇ ἑξῆς παραλίᾳ. Diese Lesart allein ist verständlich; es kann nur die Küste in ihrem weiteren Verlaufe gegen Süden gemeint sein.

[2]) Ptolemaeos, *Geographia* (edit. Nobbe), Leipzig 1881, IV, 7, p. 276.

[3]) Müller, C. *Geografi Graeci Minores*. Paris 1861, I, p. 257 ff. Der *Periplus*, p. 263, c. 11.

Geograph hat offenbar den ganzen Küstenstrich von der Strasse von *Bâb el-mandeb* bis zum Osthorn Afrika's im Auge. Der Elephantenjagdplatz *Αἴχα* mag wol in der Nähe des heutigen *Tadschura* gesucht werden, während bei den zwei sehr grossen Seen, von denen der eine salziges, der andere süsses Wasser enthalten soll, an den natronhaltigen *Bahr el-ʿásal* und den Süsswassersee von *Aussa Dugod*[1]) oder ein Seebecken aus dem ganzen Wassercomplex gedacht werden kann. Der erstere ist kaum 20 km, der letztere ca. 50 km von der Küste entfernt, beide konnten somit sehr leicht als zur Küste gehörig bezeichnet werden. Das Vorgebirge des Pytholaos wäre dann in dem auf einer Landspitze gelegenen *Râs Dschebuti* oder *Dschibutil* zu suchen. Wo wir den Hafen des Pythangelos und die Löwenwarte zu suchen haben, dazu fehlt uns jeglicher Anhaltspunkt. Strabo spricht von mehreren Flüssen, es kann folglich nur jener Theil der Somâl-Küste gemeint sein, an welcher einige Chors sich finden, die zur Regenzeit eine Strecke weit aufwärts mit Kähnen schiffbar sind[2]), also die Strecke von *Bénder zijâde* bis *Gándala*, das Küstenland des bis zu 2158 m ansteigenden *Ahl-* oder *Singeli*-Gebirges und des *Dschebel Aisema*. Der Hafen *Daphnus* wäre dann *Bender Merâja*, in dessen Nähe ein Sumpf *Miqrâwe* sich befindet, der wahrscheinlich durch Wasserstauung entstanden ist. Die Flussgegend des *Apollo* wird mit dem *Chor felck*, in dessen Nähe sich sehr viel Mangrove-Gebüsch befindet, identisch sein. Der Berg *Elephas* ist, wie schon der Name andeutet, das heutige *Râs el-fîl*[3]). Unter διῶρυξ kann irgend eine der am Osthorn Afrika's, besonders am *Râs Allula* befindlichen Salzlagunen gemeint sein, während der Hafen *Psygmos* dann *Bender Alula (Ulula)* selbst sein wird. Die Lage des Südhorns ist genau genug beschrieben, dass es mit dem heutigen *Râs asir (Dschard Haffûn)* oder *Râs Haffûn* identificirt werden kann.

Aus dieser Auseinandersetzung erhellt, was Strabo aus Artemidoros von der Beschreibung der ganzen Südküste des Golfs von Aden in sein Werk aufgenommen. Die Localitäten, namentlich die Hafenplätze, die er nennt, sind heutzutage ganz unbedeutend, die grössten nur aus ein paar Hütten bestehend und höchstens 200—300 Einwohner zählend.[4])

---
[1]) Vgl. die Angaben auf der *Carte du voyage de Mr. Rochet, d'Héricourt dans le pays d'Adel* etc. in dem Werke dieses Reisenden (Paris 1841).
[2]) Vergl. Heuglin's Karte der Somali-Küste in Petermann's Mittheilungen, 1860, Taf. 18 und Révoils *Itinéraire chez les Çomalis Medjourtins (Voyages au Cap des Aromates,* Paris 1880), auf welch' letzterer Karte auch die Neubildung des Meeresufers angegeben ist.
[3]) *Fîl:* فيل, plur. *affîâl:* افيال heisst arabisch der Elephant.
[4]) Abbildungen derselben siehe in Révoil's „*Voyages au Cap des Aromates*", pp. 44, 197, 203.

Während Strabo in seinen Γεωγραφικὰ die Topographie der nördlichen Somálküste, nur einfach einen merkwürdigen Punkt nach dem andern angebend, verfolgt, hat Ptolemaeos (Mitte des 2. Jahrhunderts n. Chr.), im 9. Buche seiner Γεωγραφικὴ ὑφήγησις c. 7 [1]), die horizontale Gliederung derselben dadurch näher präcisirt, dass er zunächst zwei grosse Golfe den Ἀβαλίτης oder Αὐαλίτης κόλπος und den Βαρβαρικὸς κόλπος unterscheidet und dann auf die Angabe der geographischen Länge und Breite eingeht. Die Basis bildet das von dem grossen Alexandriner selbst construirte Gradsystem. Das topographische Detail hatte er von vielgereisten Seefahrern erkundet, von denen, wenn wir so sagen dürfen, jeder in einem anderen Maassstabe sprach oder berichtete. Die Localisirung der auf den Nordrand des Adâl- und Somâl-Landes bezüglichen Daten war, sobald einmal wenigstens annähernd richtige Positionsdaten vorhanden waren, nicht eben sehr schwierig. P. J. Gosselin, W. D. Cooley, Karl Müller [2]) und

[1]) *Ptolemaei geographia* (ed. Nobbe, Lipsiae 1881), p. 276, §§ 9, 10 und 11. (Ich transcribire die Zahlen in arabischen Ziffern:)

§ 9. Μετὰ τὰ στενὰ ἐν τῇ Ἐρυθρᾷ θαλάσσῃ,
Δήρη (ἢ Δείρη) πόλις ἐν ἄκρα . . . . . 74 $1/2°$ long. 11° lat. sept.

§ 10. Εἶτα ἐν τῷ Ἀβαλίτῃ ἢ Αὐαλίτῃ κόλπῳ,
Ἀβαλίτης ἢ Αὐαλίτης ἐμπόριον . . . 74°   „   8 $1/12°$ lat. sept.
Μαλαὼ ἢ Μάλεως ἐμπόριον . . . . . 78°   „   6 $1/2°$ „   „
Μούνδου ἢ Μόνδου ἐμπόριον . . . . 78°   „   7°   „   „
Μούνδου νῆσος . . . . 77°   „   8 $1/2°$ „   „
Μόσυλον ἄκρον καὶ ἐμπόριον . . . . 79°   „   9°   „   „
Κοβὴ ἐμπόριον . . . . 80°   „   8°   „   „
Ἐλέφας ὄρος . . . . 81°   „   7 $1/2°$ „   „
Ἀκκάναι (ἢ Ἀκάνναι) ἐμπόριον . . . . 82°   „   7°   „   „
Ἀρώματα ἄκρον καὶ ἐμπόριον . . . . 83°   „   6°   „   „

§ 11. ἐν δὲ τῷ Βαρβαρικῷ κόλπῳ,
Πανῶν κώμη . . . . 82°   „   5°   „   „
Ὀπώνη ἐμπόριον . . . . 81°   „   4 $1/4°$ „   „
Ζίγγις (ἢ Ζιγγίσσα) ἄκρα . . . . . 81°   „   3°   „   „
Φαλαγγὶς ὄρος . . . . 80°   „   3 $1/2°$ „   „
Ἀπόκοπον ἢ Ἀπόκοπα . . . . 79°   „   3°   „   „
Νότου κέρας ἄκρον . . . . 79°   „   1°   „   „
Μικρὸς αἰγιαλός . . . . 78°   „   1° lat. merid.
Μέγας αἰγιαλός . . . . 76°   „   2°   „   „
Ἐσσινὰ ἐμπόριον . . . . 73 $1/2°$ „   2 $1/2°$ „   „
Σαραπίωνος (ἢ Σεραπίωνος) ὅρμος καὶ ἄκρα 74°   „   3°   „   „
Τονίκη ἢ ἐμπόριον . . . . 73°   „   4 $1/4°$ „   „

Die Weglassung von Μούνδου νῆσος durch Nobbe ist ungerechtfertigt; gerade die Erwähnung des Inselchens ist für die Richtigkeit und Genauigkeit der Angaben des Ptolemaeos charakteristisch.

[2]) Gosselin in seinen „*Recherches sur la géographie systématique et positive des anciens*" (Paris, an V), Cooley im „*Journal of the Royal Geographical Society of London*", IX, p. 2 ff. und XIX, p. 166 ff. Müller im Atlas zu den *Geographi Graeci Minores* (Paris 1861).

viele andere Gelehrte haben sich mit der Localisirung der Ptolemäischen Daten eingehend beschäftigt. Der Lage des Hafenplatzes *Aualites* entspricht jene der an der Wurzel einer kleinen Landzunge gelegenen Stadt *Séla*, jener von *Malao* im Grossen und Ganzen die Position des heutigen *Berbera*. Den Hafenplatz *Mundu* hat man nach *Med* (besser *Ma'id*), einem kleinen Dorfe und Fort der *Musa arro* verlegt. Die Insel *Mundu* ist ohne Zweifel in dem kleinen Inselchen von *Med dschebel ṭujûr* (Vogelberg) oder *Burda - rebschi* zu suchen, die nach Heuglin[1] „als ein kaum $^1/_4$ Meile breiter und an $1^1/_2$ Meile langer Felskamm von mindestens 650 Fuss Höhe den Wogen entsteigt und dessen Grat, der den zackigen Gipfel bildet, so scharf und schmal ist, dass der Besucher kaum Breite genug zum Gehen darauf hat". *Dschebel ṭujûr* besteht aus röthlich gelbem Feldspathfels und ist über und über mit dem Guano von Wasservögeln bedeckt. *Mosylon* glaubt man in *Bender qâsim* oder *Bossassa*, dem Hauptort der *Somâl Medschurtin* wiedergefunden zu haben. *Kobe* könnte nach der von Ptolemaeos angegebenen Länge nur mit *Bender Chôr* oder *Butiala*[2]) zusammenfallen und mit dem Punkte identificirt werden, welchen der *Periplus Maris Erythraei* mit dem unerklärbaren Namen ταπατιγη bezeichnet.[3]) *Akannai* fiele dann der Längenentfernung vom Elephantenberg entsprechend auf *Mâje* beim *Râs Bua*. *Aromata* ist Cap *Dschard Haffûn* oder *Guardafui*. Das Südhorn führt Ptolemaeos erst im barbarischen Golfe an. Ohne Zweifel ist es an den Punkt zu verlegen, wo die afrikanische Küste gegen Süd-Westen zurückweicht, also nach dem heutigen *Râs Haffûn*.

Der allgemeine Name für die Länder der ostafrikanischen Halbinsel war seit Ptolemaeos Βαρβαρία[4]), eine Bezeichnung, die sich bei Strabo noch nicht findet. In der Gliederung der einzelnen Theile Afrika's gehörte dieses Βαρβαρία zu Αἰθιοπία, ἡ ὑπὸ Αἴγυπτον. Die von dem berühmten Alexandriner in die Erdkunde eingeführte Topographie Ostafrika's blieb typisch für die folgenden Jahrhunderte, in gewisser Hinsicht bis in die neueste Zeit. Einen beschreibenden Commentar zu den trockenen Daten des Ptolemaeos, um einige neue Daten

---

[1]) Reise längs der Somali-Küste im Jahre 1857 in Petermann's Mittheilungen, 1860, p. 431.

[2]) *Bender Chor* liegt nach Révoil's *Itinéraire* und Heuglin's Karte nicht an der Küste, sondern im Binnenlande, wurde aber einst von den Wellen des Meeres bespült. Révoil hat auch den Rand des alten Meeresufers auf seiner Karte verzeichnet.

[3]) *Periplus Maris Erythraei* bei Müller, *Geogr. Graeci Minores*, p. 263, 11.

[4]) Vgl. Die interessante Erklärung der Etymologie des Namens bei Leo Africanus (Uebersetzung von Florianus, Antwerpen 1556), p. 5 und Ludolf, *Lexic. Aethiopico-Latinum* (Francofurti a. M. 1669).

erweitert, bietet der *Periplus maris Erythraei*[1] (Mitte des 3. Jahrhunderts n. Chr.). Dieser besagt[2], dass sich das rothe Meer bei dem Punkte *Avalites* am meisten verenge. An der von hier aus gegen Osten in einer Erstreckung von ca. 4000 Stadien verlaufenden Küste gebe es in entsprechender Entfernung von einander eine Reihe von Hafenplätzen. Das grosse Ἀυαλίτης ἐμπόριον ist nach Cooley und Müller das heutige *Séla*. Theodor v. Heuglin will es an der Küste von *Tadschura* gesucht haben, weil es nach dem *Periplus* 50—60 Meilen vom Cap *Deire* entfernt sei. Doch scheint gerade *Séla* ein für Schiffer wichtigerer Punkt zu sein, denn jeder Platz an der Küste von *Tadschura* und die Distanzangaben des *Periplus* können ja insgesammt nur als approximative gelten. Eine Seefahrt von ungefähr 800 Stadien von *Séla* gegen Osten entfernt liege *Malaó*. Sowol die vom Verfasser des *Periplus* angegebene Entfernung, als auch ganz besonders der hervorgehobene Umstand, dass dieser Hafenplatz durch ein Cap (eher eine Landzunge) verdeckt sei, wenn man vom Osten gegen Westen segle, sprechen

---

[1] Ich folge Reinaud's Argumentation für den Zeitpunkt der Abfassung des *Periplus* und das um so lieber, weil mir die reichhaltigen Daten des *Periplus* auf eine Bekanntschaft des Verfassers desselben mit den Daten des Ptolemaeos zurückzugehen scheinen, anerkenne aber Dillmann's scharfsinnige Kritik der Reinaud'schen Annahmen.

[2] Müller, *Geogr. Graeci Min.* I, p. 263 f., c. 7: *Ἤδη ἐπ' ἀνατολὴν ὁ Ἀραβικὸς κόλπος διατείνει καὶ κατὰ τὸν Ἀυαλίτην μάλιστα στενοῦται. Μετὰ δὲ σταδίους ὡσεὶ τετρακισχιλίους, κατὰ τὴν αὐτὴν ἤπειρον εἰς ἀνατολὴν πλεόντων ἐστὶν ἄλλα ἐμπόρια Βαρβαρικὰ τὰ πέραν λεγόμενα κείμενα μὲν κατὰ τὸ ἑξῆς ἀγκυροβολίοις δὲ καὶ σάλοις ἔχοντα τοὺς ὅρμους κατὰ καιροὺς ἐπιτηδείους. Πρῶτος μὲν ὁ λεγόμενος Ἀυαλίτης καθ' ὃν καὶ στενώτατός ἐστιν ἀπὸ τῆς Ἀραβικῆς εἰς τὸ πέραν διάπλους. Κατὰ τοῦτον τὸν τόπον μικρὸν ἐμπόριόν ἐστιν ὁ Ἀυαλίτης σχεδίαις καὶ σκάφαις εἰς τὸ αὐτὸ προςερχομένων. Προςχωρεῖ δὲ εἰς αὐτὴν ὑαλῆ λιθία σύμμικτος καὶ Διοςπολιτικῆς ὄμφακος καὶ ἱμάτια βαρβαρικὰ σύμμικτα γεγναμμένα καὶ σῖτος καὶ οἶνος καὶ κασσίτερος ὀλίγος. Φέρεται δ' ἐξ αὐτῆς, ποτὲ καὶ τῶν βαρβάρων ἐπὶ σχεδίαις διαφερόντων εἰς τὴν ἀντικρὺς Ὀκηλὶν καὶ Μούζα, ἀρώματα καὶ ἐλέφας ὀλίγος καὶ χελώνη καὶ σμύρνα ἐλαχίστη, διαφέρουσα δὲ τῆς ἄλλης. Ἀτακτότεροι δὲ οἱ κατοικοῦντες τὸν τόπον βάρβαρα. 8. Μετὰ δὲ τὴν Ἀυαλίτην ἕτερον ἐμπόριόν ἐστι τούτου διαφέρον ἡ λεγομένη Μαλαώ, πλοῦν ἀπέχουσα σταδίων ὡς ὀκτακοσίων· ὁ δὲ ὅρμος ἐπίσαλος, σκεπόμενος ἀκρωτηρίῳ τῷ ἐξ ἀνατολῆς ἀνατείνοντι· οἱ δὲ κατοικοῦντες εἰρηνικώτεροι. Προςχωρεῖ εἰς τοῦτον τὸν τόπον τὰ προειρημένα καὶ πλείονες χιτῶνες, σάγοι Ἀρσινοητικοὶ γεγναμμένοι καὶ βεβαμμένοι καὶ ποτήρια καὶ μελίεφθα ὀλίγα καὶ σίδηρος καὶ δηνάριον οὐ πολὺ χρυσοῦν τε καὶ ἀργυροῦν. Ἐκφέρεται δὲ ἀπὸ τῶν τόπων τούτων καὶ σμύρνα καὶ λίβανος, ὁ περατικὸς ὀλίγος καὶ κασσία σκληροτέρα καὶ δούακα καὶ κάγχαμον καὶ μάχειρ, τὰ εἰς Ἀραβίαν προχωροῦντα καὶ σώματα σπανίως. 9. Ἀπὸ δὲ Μαλαὼ δυοδρόμοις ἐστὶν ἐμπόριον ἡ Μούνδου . . . . . 10. Ἀπὸ δὲ τῆς Μούνδου πλεόντων εἰς τὴν ἀνατολὴν ὁμοίως μετὰ δυοδρόμους ἢ τρεῖς πλησίον κεῖται τὸ Μόσυλλον ἐν αἰγιαλῷ δυςόρμῳ . . . . 11. Ἀπὸ δὲ τοῦ Μοσύλλου μετὰ δυοδρόμους παραπλεύσαντι τὸ λεγόμενον Νειλοπτολεμαῖον καὶ ταπατηγη καὶ δαφνῶνα μικρὸν ἀκρωτήριον Ἐλέφας. Ποταμὸν ἔχει τὸν λεγόμενον Ἐλέφαντα καὶ δαφνῶνα μέγαν λεγόμενον Ἀκάνναι ἐν ᾧ μονογενῶς λίβανος ὁ περατικὸς πλεῖστος καὶ διάφορος γίγνεται.*

deutlich dafür, dass *Μαλαώ* das heutige *Berbera* sei. Die Stadt liegt nämlich¹) in dem Hintergrunde einer kleinen Bai, deren Nordostrand von einer kleinen Landzunge umsäumt wird. Bei so klaren Angaben wird es, wenn man auch noch die von Ptolemaeos angegebene Länge und Breite des Punktes in Betracht zieht, nicht mehr statthaft sein, über die Lage von *Malao* noch Zweifel zu hegen. Die angegebene Entfernung von *Mundu*, 2—3 Tagemärsche östlich von *Malao*, deutet darauf, dass dieser Punkt in dem heutigen *Med* gesucht werden muss. In gleicher Entfernung von 2—3 Tagemärschen östlich von *Mundu* liegt *Mosyllon*, ein Hafen, der mit dem heutigen *Bender qâsim* oder *Bossassa* identisch ist. Die Distanzangaben stimmen auch mit den Längenzahlen des Ptolemaeos und es lässt sich auch in Wirklichkeit heute an dieser Küstenstrecke kein auch nur annähernd so bedeutender Platz an der nördlichen Somâl-Küste vom 44°—49¹/₂° östl. Länge von Greenwich finden, von dem sich annehmen liesse, dass er auch nur in irgend einer Beziehung von den Seefahrern der Beachtung hätte gewürdigt werden können.

Die von dem Verfasser des Periplus zum ersten Male erwähnten Küstenpunkte, an welchen man auf der zweitägigen Fahrt von *Mosyllon* nach dem Elephantenvorgebirge vorbeisegle, das sogenannte *Niloptolemaeum*, *Tapatege*²) und *Klein-Daphnon* sollen an der ungefähr 25—30 Meilen langen Küste von *Bender qâsim* bis *Râs el-fil* gelegen sein. Haben wir es hier mit wirklichen Hafenplätzen zu thun und nicht etwa mit einzelnen orientirenden Küstenpunkten, welche von den Schiffern z. B. auf die Vegetationsverhältnisse bezügliche Namen erhielten, also etwa „beim kleinen Lorbeer" u. s. w., wie ja auch an der flachen Küste von Oberguinea noch heutzutage Palmengruppen als Orientirungsobjecte für die Schiffer dienen, so können mit den angeführten Namen nur *Bender Bâ'al*, *Bur Gaben*, *Buro*, *Gandala* beziehungsweise *Bender chôr*, *Bender merâja* und *Bender felek* gemeint sein. Gosselin verlegte *Niloptolemaeum* nach *Bender chôr*, *Tapatege* (er schreibt: *Tapage*) nach *Bender merâja*, *Daphon* nach *Bender felek*, während Cooley *Niloptolemaeum* und *Tapa-Tege* als ein und denselben Ort gefasst und mit *Bender chôr* identificirt hat. C. Müller hat keinen dieser Punkte auf seine Karte gesetzt. Durch eine Conjectur wird, wo es sich um eigene Namen handelt, schwerlich der

---

¹) Vgl. den Plan von Berbera und Umgebung auf Petermann's Karte zu Heuglin's Reise an der Somali-Küste in „Petermann's Mittheilungen" 1860, Taf. 18 (Nebenkärtchen).

²) C. Müller (*Geographi Graeci Minores* I, p. 264) hat das Wort nicht als Namen eines Küstenplatzes aufgefasst. Offenbar liegt eine Corruptel vor, wie ich vermuthe, des Ptolemaeischen *Κοβή*.

Sache aufgeholfen werden können. Hielte man hier fest des Ptolemaeos *Κοβή* im Auge und schriebe statt καὶ ἡ, so könnte die vorhandene Lesart vielleicht in folgende geändert werden: Νειλοπτολεμαῖον ἢ τὰ Κοβῆ (*Niloptolemacum* oder *Kobe*). Mit dieser Auffassung näherte man sich der Ansicht Cooley's, der wie erwähnt, *Niloptolemacum* und *Tapatege* als ein und denselben Punkt erklärt hat. *Bender chôr* und *Bender merája* wären dann die Punkte, welchen *Niloptolemacum* und *Klein-Daphon* entsprächen. *Akannai* des Periplus fällt mit dem gleichnamigen Hafen des Ptolemaeos zusammen.

Von den Afrikanischen Binnenlanden am Golfe von Aden hatte man im Alterthum nur sehr spärliche Kenntniss. Ein gut Theil der Naturproducte, die uns Strabo als an der Küste vorkommend beschreibt[1]), findet sich wol auch in den heutigen Ländern der Adâl, doch stammt aus alten Zeiten keine einzige Nachricht, die bezeugen würde, dass die Aegypter oder Griechen die Binnenterritorien der Galla- oder Somâl-Länder gekannt hätten. Selbst die bei Strabo, Ptolemaeos und dem Verfasser des Periplus befindlichen reichen topographischen Daten geriethen bei den Trägern des geographischen Wissens der folgenden Jahrhunderte bald in Vergessenheit. Cosmas Indicopleustes kennt nur mehr Ζίγγιον und blos den Namen der weihrauchtragenden Küste Βαρβαρία.[2])

Einige Wichtigkeit scheint mir, mit Rücksicht auf die älteste Kunde der Gestadeländer des Golfs von Aden, ein Passus der Inschrift von Aksum zu haben. Dort heisst es von *Aizanas* er sei: βασιλεὺς Ἀξωμίτων .... καὶ τοῦ ΣΙΛΕΗ. Es ist nun sehr wahrscheinlich, dass in dieser Lautgruppe die älteste Ueberlieferung des Namens der Stadt *Séla* vorliegt und Salt[3]) hat auch ohne Weiteres βασιλεὺς τοῖ Σιλέη mit: *King of Zeyla* übersetzt. Das Wort *Séla* scheint semitischer Wurzel zu sein. Ibn Haukal schreibt den Namen der Stadt *Séla: Zaile*, 'Idrîsî: *Zalegh*; mit dem bei den arabischen Geographen erwähnten *Silâ*, welches mit Korea oder Japan identisch ist, hat das Σιλέη der aksumitischen Inschrift nichts gemein.

---

[1]) Strabo, *Geographica*, XVI, c. 775.
[2]) Migne, *Patrologiae cursus completus. Patrologiae Graecae tom.* 87 (Paris 1860), p. 86, c. 132.
[3]) Salt, *A voyage to Abyssinia and travels into the interior of that country.* (London 1814), p. 411.

II.
Geographische Daten der Araber.

Das geographische Wissen des Alterthums über Ost-Afrika wurde in den bewegten Jahrhunderten des frühen Mittelalters in keinerlei Weise erweitert. Die Kosmographen nahmen wol einige Daten des Ptolemaeos auf, allein alles Andere fiel der Vergessenheit anheim. Auf den Radkarten begnügte man sich auch für Ost-Afrika mit den Angaben „*Deserta arenosa*" oder „*Regiones inhabitatae propter solis ardorem*". Bisweilen zierte man namentlich das Osthorn Afrika's mit Bildern schrecklicher Thiere, mit Greifen, hundsköpfigen Menschen u. s. w.

Schon in den ersten Jahrhunderten n. Chr. war der grösste Theil der Küste von Ostafrika von den Arabern in Besitz genommen und abhängig gemacht worden. Arabische Reisende waren daher frühzeitig in der Lage, erkundetes und autoptisches Wissen über die afrikanische Ostküste zu sammeln.[1]) Ihr Interesse wandte sich hauptsächlich den Landschaften zu, welche den Islâm angenommen hatten. Was zunächst die Vertheilung von Land und Wasser in Ostafrika betrifft, so nannten die arabischen Geographen den Theil der Ostküste Afrika's, welcher von Abessinien an beginnt, und die Bewohner desselben *Zendsch*.[2]) Ihrer Vorstellung fehlte der Begriff der Somâl-Halbinsel, oder sie dachten sich dieselbe nur von ganz mässigem Umfang.[3]) *Habasch (Abasch)* bei 'Idrîsî, *Habascha* bei 'Ibn

---

[1]) Die gesammten geographischen Daten der Araber über die *Zendsch*-Länder sind in neuester Zeit von L.-Marcel Devic in einem vom französischen Institut preisgekrönten Werke vortrefflich verwerthet worden. Es führt den Titel: *Le pays des Zendjs ou la côte orientale d'Afrique au moyen-âge (Géographie, moeurs, productions, animaux légendaires), d'après les écrivains arabes* (Paris 1883, pp. 280).

[2]) *Bilâd es-Zendsch. Zendsch* lautet in lateinischer Transscription bei Späteren *Zingis* oder *Zingi*. Die Etymologie des Wortes ist noch unerklärt. Ptolemaeos (IV, 8) nennt ein $Z\acute{\eta}\gamma\gamma\iota\sigma\sigma\alpha\ \ddot{\alpha}\varkappa\varrho\alpha$, Cosmas (p. 686, c. 132) ein $Z\acute{\iota}\gamma\gamma\iota o\nu$. *Zanega* soll nach Ludolf (Aethiop. Wörterbuch, p. 478) „unverständlich sprechen" bedeuten, *Zenegua* „verwirrt, confus"; der Name $B\alpha\varrho\beta\alpha\varrho\acute{\iota}\alpha$ ist dann erklärlich. Vgl. Devic, *Le pays des Zendsch*, p. 187 f.

[3]) Kartenentwürfe, nach arabischen Geographen freilich zu phantasievoll, in Lelewel's Atlas, Tab. 1—10.

al-Wardî¹) findet sich als östliches oder nordöstliches Grenzland bei allen Geographen erwähnt. An der Küste selbst wird bereits im 11. Jahrhundert *Zailaa*²) erwähnt und das angrenzende Meer heisst das von *Barbora*. Auf 'Idrîsî's runder Karte grenzt an *Abasch* eine Landschaft *Barbara*³) (بربر), an diese *Zendsch;* dann folgen *Sofâla* und *Waq-Waq*. Bei 'Ibn Saʿîd hat die Küste *Zendsch* zur Hauptstadt *Zaila;* die Somâlhalbinsel birgt die Städte *Karfûna* und *Barbara*. Nach 'Ibn al-Wardî grenzt *Zendsch* an *Ḥabascha* und *Źial;* im Norden der Zendsch-Küste liegen zwei Inseln, *Zendsch* und *Kïs*. Nach 'Isṭâchrî und 'Ibn Ḥaukal grenzt *Ḥabascha* im Osten an das Land der *Bodscha*, im Westen an *Zengbâr*. *Zendsch* grenzt im Norden an *Ḥabascha*, im Osten an das Meer *Fârs* und liegt gegenüber von Aden.

Geographische Details über das Zendsch-Gebiet am Saume des Rothen Meeres gibt wol schon Ibn Ḥaukal, der die Stadt *Zuile* nennt⁴), dann aber in umfassenderem Maasse der vielgereiste Masûdî in seinen „goldenen Wiesen". Er spricht vom Laufe des Nil, der eine Partie des Sûdâns durcheile, welche dem Lande der *Zendsch* benachbart sei. Der Strom entsende da einen Arm, welcher in das Meer von *Zendsch* münde. Dieses Meer grenze wieder an *Qanbalu*, eine sehr fruchtbare, von Muhammedanern bewohnte Insel, welche die Sprache von *Zendsch* sprechen. Der indische Ocean bilde an der Küste von Abessinien eine Enge, welche bis sich zum Lande von *Berbera* hinziehe. Dieser Canal, der unter dem Namen von *Berberi* bekannt sei, habe eine Länge von 500 und eine Breite von 100 Parassangen. Masûdî macht darauf aufmerksam, man möge dieses Territorium von *Berbera* nicht verwechseln mit dem Lande der Berber. Das Land der *Zendsch* selbst beginne bei dem Gebiete von *Berbera*, das eine aus *Zendsch* und Abessiniern gebildete Bevölkerung bewohne, und erstrecke sich 700 Parassangen in die Länge und ebensoweit in die Breite. Nach dem Binnenlande von Afrika zu grenze es an den Sûdân, im Süden reiche es bis nach *Sofâla* und *Waq-Waq*. Auch die in dem Lande der *Zendsch* vorfindlichen Thiere werden beschrieben. Zum Reiche des Herrschers von Abessinien (Nedschaschi) zählt Masûdî auch die Stadt *Zeïla*.⁵) Auf eine Rechnung, um die angegebenen Zahlenwerthe mit

---

¹) Amharisch: ሐበሻ፡ und አበሻ፡ also *Ḥabaschâ* und *Abaschâ*. Vgl. Ludolf, *Lex. Aethiop.*, p. 403 und v. Heuglin, Reise in Nordost-Afrika, I, pp. 275 f.

²) Das heutige *Seila, Zeila*, arabisch: سلى (gesprochen: *Sélä*).

³) Ueber die Etymologie des Namens: Devic, *Le pays des Zendjs*, p. 53 f.

⁴) Goeje, *Bibliotheca geographorum Arabicorum* (Leiden 1870), pars II, p. 22.

⁵) *Les prairies d'or. Texte et traduction par C. Barbier de Meynard et Pavet de Courteille*. (Paris 1861.) 9. vol. I, pp. 205, c. IX, 231, c. X; III, pp. 2 ff.; 34, c. XXXIII. Vgl. auch Devic, a. a. O. pp. 26 f.

der Wirklichkeit in Einklang zu bringen, worauf Devic hindeutet, wird man sich kaum einlassen dürfen, und das um so weniger, als es ungewiss ist, ob unter *Qanbalu* wirklich Madagaskar zu verstehen sei. Masûdî enthält sich aller näheren topographischen Angaben. Diese liefert in beschränktem Maasse 'Idrîsî, der sie von weitgereisten Seefahrern in Sicilien zu sammeln in der Lage war. 'Idrîsî nennt an der Südostküste des Rothen Meeres vier Städte: *Zalegh* (زالغ), *Manqûba, Aqant* und *Nâqati. Zalegh*, schreibt 'Idrîsî [1]), liege am Salzmeere (Ocean), welches das Meer von *Qolzum* begrenzt. Die Entfernung von dieser Stadt nach *Yemen* betrage 300 Meilen. *Zalegh* selbst ist nicht gross, aber sehr bevölkert. Man finde daselbst auch viel Fremde und zahlreiche Schiffe, beladen mit verschiedenen Waaren, landeten daselbst, um mit Abessinien Handel zu treiben. Der Export der Stadt bestehe in Sklaven und Silber. Gold sei selten. Die Einwohner trügen Kleider von Schaf- und Baumwolle. Von *Zalegh* nach *Manqûba* gelange man in fünf Tagen zu Lande und in etwas kürzerer Zeit zur See. In einer Entfernung von 12 Tagereisen liege in der Wüste eine Stadt Namens *Kaldschûn*. Von *Manqûba* nach *Aqant* gelange man zu Lande in 4, von *Aqant* nach *Nâqati* in 5 Tagen. 8 Tagereisen von *Nâqati* entfernt finde man *Baṭṭa*, dessen Gebiet an jenes von *Berbera* grenzt, ein Land, dessen bedeutendste Stadt *Dschua* sei, unfern von *Baṭṭa* gelegen.

An einer anderen Stelle [2]), schreibt 'Idrîsî, grenze Abessinien gegen die Seeseite zu an das Gebiet von *Berbera*, welches Abessinien unterthan ist und in dem man eine grosse Zahl von Städten finde, deren erste *Dschua* sei. Von dieser sei *Nâqati* 6 Tagereisen, *Baṭṭa* 7 entfernt. *Baṭṭa* liege diesseits des Aequators am äussersten Ende der bewohnten Erde. An einer dritten Stelle [3]) nennt 'Idrîsî die Küstenstädte *Karfûna, Mârqa* und *el-nedscha*, sämmtlich am Meere von Yemen gelegen und von *Berbera* abhängig. Von *Dschua* nach *Karfûna*, welches Land von einem hohen nach Süden gerichteten Gebirgszug überragt sei, betrage die Seereise 2 Tage.

'Idrîsî beschreibt ferner die Topographie der ganzen Küste von *Sêla* — denn dieses ist unter *Zalegh* zu verstehen — bis *Karfûna* (Guardafui [4]) und *Mârqa* bis an den Aequator. Die wichtigste Partie ist

---
[1]) Jaubert, *Géographie d'Edrisi, traduite de l'arabe en français*. Paris 1836, I, Clim. sect. 5, p. 37.
[2]) 'Idrîsî v. Jaubert, I. Cl. sect. 5, p. 42.
[3]) 'Idrîsî v. Jaubert, I. Cl. sect. 7, p. 44.
[4]) *Guardafui* verunstaltet aus *Dschard Haffûn*. Die kartographischen Documente bezeugen den Uebergang bis zu der heute gebräuchlichen Form. Die Cabot'sche Karte hat *c. da guarda fune*, die Weimarer span. Karte: *c. degar da fune*, Ribero: *c. de garda*

die Beschreibung von Séla. Berbera erscheint als ein bedeutend ausgedehntes Territorium. Die damalige Centrale *Dschua* kann vielleicht am besten mit dem heutigen *Bender zijâde* identificirt werden.[1] *Kaldschûn* mag, was die Entfernung betrifft und da es in der Wüste gelegen sein soll, in der Nähe des heutigen *Harâr* gesucht werden. Devic äussert keine Vermuthung über die Lage desselben.[2] *Manqûba, Aqant, Nâqati* und *Baṭṭa* waren ohne Zweifel bloss unbedeutende Ortschaften an der sandigen Küste zwischen Séla und Berbera.

Yâqût und Qazwînî aus dem 13. Jahrhundert liefern keinerlei wichtige Daten. Der Erstere bezeichnet das Land der *Zendsch* als südlich vom Aequator liegend und spricht von durchaus schwarzer Hautfarbe bei der Bewohnerschaft von *Berbera;* der Letztere steckt bei der Beschreibung der Lage des *Zendsch*-Landes in argen Irrthümern.[3]

'Ibn Baṭûṭâ hat die Küste der Adâl-Länder von Aden aus besucht. Er schreibt, er sei von Aden aus in 4 Tagen nach *Zeila* gelangt, welches die Hauptstadt der *Berbera* sei, einer schwarzen Völkerschaft, die sich zur Lehre des Schâfi' bekenne. Das Land ringsum sei wüste und erstrecke sich in einer Ausdehnung von zwei Monatreisen, von *Zeila* beginnend, bis *Maqdischu.*[4] *Zeila* sei, fährt 'Ibn Baṭûṭâ fort, eine grosse Stadt und ein bedeutender Marktplatz, allein schmutzig, düster und stinkend. Der Unrath rühre daher, weil man in der Stadt eine grosse Menge von Fischen aufhäufe und das Blut geschlachteter Kameele in den Strassen entleere. Der Reisende verweile an dem ihm unangenehmen Orte nicht lange, sondern setzte seine Seefahrt baldigst fort. Ueber das Hinterland von *Zeila* hat 'Ibn Baṭûṭâ fast gar keine Daten geliefert.

Der gelehrte 'Abû'l-Fedâ beschränkt sich in seinen Angaben nicht auf die Meeresküste allein. Er beschreibt die östlichen Provinzen des abessinischen Reiches, dessen Hauptstadt *Dschumi* (alter Name für Aksum) ihm bekannt ist.[5] Eine abessinische Provinz gebe es, Namens *Dschabbâra*, mit der Stadt *Wefât* (57° long., 8° lat.), von wo aus *Zeila*

---

fune, Mercator (1569): *c. de Gardafu*, im Appendix (1637): *c. de Gardafuy*, De l'Isle *Gardafu*, D'Anville: *Guardafuy;* bei Ramusio steht: *Gardafum*, bei Tellez: *c. de guarda fui*, bei Lobo: *Guarda fuin*, Dapper: *C. Dor fur*, bei Bruce: *Gardefan.*

[1] Vgl. Révoil, *Voyage au cap des aromates* (Paris 1880), pp. 239 ff. und das: *Itinéraire chez les Çomalis Medjourtines* in demselben Werke.

[2] Devic a. a. O. p. 56.

[3] Devic a. a. O. pp. 30 f.

[4] *Voyages d'Ibn Batoutah. Texte Arabe, accompagné d'une traduction par C. Defrémery et le Dr. B. R. Sanguinetti* (Paris 1853), II. Bd., p. 179.

[5] Reinaud, *Géographie d'Aboulféda.* (Paris 1848.) Tom. II, p. 228.

in 20 Tagemärschen erreicht werden könne. Ferner nennt 'Abu'l-Fedâ die Stadt Ḥâdijc oder Hadca in Abessinien, 57° 3' long., 7° lat. gelegen, zwischen dem Aequator und dem ersten Climat, wo viele Sklaven zu Eunuchen verschnitten werden. Nach 'Ibn Saʿîd solle Ḥâdije im Süden von *Wefât* oder im Süden von *Gafât* gelegen sein.[1]) *Zeila* (nach 'Ibn Saʿîd 66° long., 10° 55' lat. sept., nach dem Qânûn 61° long.) sei ein bedeutender Hafenplatz Abessiniens mit muhammedanischer Einwohnerschaft. Sie liege an einer Bucht in der Ebene, habe sehr warmes Klima und salziges Trinkwasser. Bei anderen Gewährsmännern findet 'Abu'l-Fedâ die Nachricht, dass man in *Zeila* Perlenfischerei treibe, dass daselbst mehrere Schêchs die Gerichtsbarkeit üben, und dass zwischen Käufern und Verkäufern daselbst Gastfreundschaft bestehe. *Berbera* (55° long., 2° lat. nach dem Kânun, nach 'Ibn Saʿîd 68° long., 6½° lat. sept.) sei die Hauptstadt eines gleichnamigen Landes. Nach 'Ibn Saʿîd sei es der Hauptort des Landes der *Berabra*. Die Mehrzahl der Bewohnerschaft bekenne sich zum Islâm.[2]) Nun folgt die Beschreibung von *Mârqa* und *Maqdischu*.

Wefât und *Dschabbâra* 'Abu'l-Fedâ's sind Ifat (Efat) und Dauaro. *Ḥâdije* hat R. Burton[3]) unter dem Namen *Hadiyah* für die Vorgängerin des heutigen *Harâr* erklärt, gestützt auf Maqrîzî's[4]) Angabe, *Hadia* bilde eine Provinz des Reiches *Zeila*.[4]) In der That muss das alte *Ḥâdijc*, ohne dass indessen ein weiterer Beweis erbracht werden könnte, nach der angegebenen Position in der Gegend von Harâr gesucht werden, wenn es nicht etwa ein Punkt im Innern der Somâlhalbinsel oder südlich von Harâr gewesen ist, der uns heute noch unbekannt ist. Uebrigens gab es auch andere Orte und einen Somâlstamm in Ost-Afrika mit der Bezeichnung *el-hâija*.[5]) Besseren Aufschluss wird man erlangen, wenn die alte Geschichte von Harâr wird aufgeklärt sein.

Die Nachfolger 'Abu'l-Fedâ's liefern über die Adâl-Landschaften und Harâr keine neuen Daten. 'Ibn al-Wardî, 'Ibn Chaldûn, Bakuî u. A. lehnen sich, was die Küstenländer im Südosten des rothen Meeres betrifft, ganz an Ptolemaeos und 'Idrîsî an. Reichhaltige Daten liefert erst der späte Maqrîzî. Seiner Geschichte der muhammedanischen Könige in den Grenzländern Abessiniens schickt er einen aus-

---

[1]) Reinaud, *Géographie d'Aboulféda*, II, p. 239.
[2]) Reinaud, *Géographie d'Aboulféda*, II, p. 232.
[3]) Burton, *First footsteps in East Africa* (London 1856), p. 304.
[4]) Die Beschreibung von *Hadia* bei Maqrîzî, *Historia regum islamiticorum in Abyssinia* von Rinckh (Lugdun. Bat. 1790), findet sich p. 14.
[5]) Siehe Devic a. a. O. p. 59. Auf der Karte bei Révoil findet sich nichts verzeichnet.

führlichen geographischen Excurs voraus.[1]) Die Klimate im Osten und Südosten Abessiniens seien *Schaua, Damoût, Lamanân, Sanhou, Zeng, Adel el-omra, Hamafa, Barcia* und *Tara-Zeleslâmi*, welches auch *Zaila* genannt werde. Den einzelnen dieser Klimate stehe ein König vor, aber alle stünden unter dem Hati, der arabisch Sultan genannt werde. Ihm sind 99 Könige unterworfen; er selbst ist der hundertste. Maqrîzî erwähnt eine Gegend *Hadia*, die zu *Zaila* gehöre, wo eine merkwürdige Art von Hühnern gedeihe.[2]) *Zaila* bilde ein Königreich mit ausgedehntem Territorium. Es führe seinen Namen nach der Hauptstadt *Zaila*, welche auf einer Halbinsel erbaut sei. Die Längenerstreckung des Gebietes könne in zwei Monaten zurückgelegt werden; viel bedeutender sei aber die Breite des Landes. Der grösste Theil des Landes sei freilich unbewohnt, so zwar, dass die Länge des bewohnten Theiles blos 43, die Breite 40 Tagemärsche betrage. Das Reich selbst werde wieder in 7 Districte (Rinckh übersetzt „*regna*") eingetheilt, nämlich *Aufat, Dawâru, Arababni, Hadia, Scherba, Bâli* und *Dara* oder *Darab*. An der Spitze dieser sieben Bezirke stehe ein Oberhaupt (Rinck übersetzt „*rex*"), allein allen gebiete der Hati, der König von *Amhara*, welcher alljährig Tribut erhebt. Diese Bezirke seien arm und wenig fruchtbar. Es gebe daselbst keine Tempel, worin Gottesdienst gehalten werden könnte. *Zaila* heisse auch *Sabara*, d. i. „heisse Gegend". Die Wohnungen der Einwohner seien aus Lehm, Holz und Steinen erbaut. Handel und Wandel seien wenig entwickelt.

Maqrîzî wendet sich nun der Beschreibung der sieben Reichsdistricte zu.[3]) *Aufât* sei 15 Tagemärsche lang, 20 breit. Es enthalte viele volkreiche Städte. Die Centrale sei *Aufata*. Der Herrscher von *Aufât* beherrsche das Gebiet der Stadt von *Zaila*. Die abessinisch und arabisch sprechenden Einwohner seien Schâfi'iten und Ḥanifîten. Goldmünzen circuliren. Zuckerrohr und ein heilkräftiger Baum *Jaat* wachse daselbst. *Dawâru* sei, fährt Maqrîzî fort, fünf Tagemärsche lang, zwei breit, *Arababni*, das an *Dawâru* grenze, vier Tagemärsche lang und vier breit, *Scherba* drei Tagemärsche lang, vier breit und werde von Hanifîten bewohnt. *Bâli* sei die fruchtbarste Gegend des Reiches *Zaila*, doch bediene man sich daselbst nicht des Geldes, son-

---

[1]) *Macrizi Historia regum islamiticorum in Abyssinia interpretatus est et una cum Abulfedae descriptione regionum nigritarum e codd. biblioth. Leidensis arabice edidit J. Th. Rinckh*. Lugd. Bat. 1790. Maqrîzî im Original war mir leider nicht zur Hand.

[2]) Rinckh, *Macrizi Historia* p. 4.

[3]) Rinckh, *Macrizi Historia* p. 10.

[4]) Rinckh, *Macrizi Historia* p. 11.

dern pflege nur Waarenaustausch, *Darab* (drei Tagemärsche lang und eben so breit) hingegen sei der ärmste Bezirk. Die Landschaft *Hâdija* habe eine Längenausdehnung von acht, eine Breitenausdehnung von neun Tagemärschen.[1]) Ihr Häuptling unterhalte ein grosses Heer. Die Lebensweise der Bewohner unterscheide sich nicht von jener der *Arababnier*. Nach *Hâdija* strömen sehr viele Sklaven und Eunuchen zusammen. Verschnittene würden aber in der Stadt *Washlu* gemacht, da dies in Abessinien verboten sei, und *Washlu* die einzige Stadt sei, wo dies geschehen dürfe. Von *Washlu* würden die Verschnittenen dann nach *Hâdija* geschafft, wo erst die Castrirung gänzlich vollendet werde. In sechs Bezirken des Reiches *Zaila* würden mehr als fünfzig Dialecte gesprochen und mit abessinischen Schriftzeichen geschrieben.

Die diesem geographischen Excurs folgenden historischen Daten betreffen die Geschichte des in der zu *Zaila* gehörigen Landschaft *Dschabbârta (Jabrah)* und in *Wefât* von einem Kureischiten-Stamm gegründeten Reiches von ca. 700 bis etwa 840 der Hedschra.

In den von Maqrisi als Bestandtheilen des Reiches von *Zaila* angeführten Landschaften sind unschwer einige Theile des heutigen Abessinien und Schoa zu erkennen. An *Dawâru* grenze *Arababni*; dann folge *Hâdija* und *Scherba*. Diese drei Landschaften müssen zwischen dem 40° und 44° östlicher Länge von Greenwich und zwischen dem 9° und 11° nördlicher Breite, also auf dem Territorium, wo heute *Tul Harré* und *Harâr* liegen oder wo die Galla mit den Somâl und Adâl zusammentreffen, gesucht werden. Eine nähere Umgrenzung oder Localisation ist nicht möglich.

Fassen wir die geographischen Daten der Araber über die Landschaften der *Adâl*-Länder und *Harâr's* zusammen, so erscheinen dieselben mit Rücksicht darauf, dass zwischen Arabien und den islamitischen Gebieten von Afrika südlich von der Strasse von *Bâb el-mándeb* ein commercieller Verkehr bestand, der zu einer, wenn auch oberflächlichen Kenntniss der geographischen Lage und Vertheilung der einzelnen Landschaften führen musste, als nicht sehr reichhaltig. Es überwiegen bei weitem nur topographische Daten, und unter diesen wieder nur jene, die auf die See-Küste Bezug haben, während von physikalisch-geographischen Verhältnissen des Binnenlandes, von Berg, Thal, Fluss, keine Erwähnung geschieht.

---

[1]) *Macrizi Historia* p. 14.

III.
Marco Polo und die Kartographen des Abendlandes.

Die erste Kunde von einem christlichen Fürsten, der in Abessinien regiere, brachte Marco Polo nach dem Abendlande. Er nennt *Abascia* ein grosses Reich, welches auch das zweite Indien genannt werde. Der Oberkönig *(il maggior re)* des Landes sei ein Christ und ausser diesem gebe es noch sechs Könige, drei christliche und drei saracenische, die dem Oberkönige unterthan seien. Das Gebiet des christlichen Oberkönigs befinde sich in der Mitte des Reiches und die saracenischen Herrscher hätten ihre Länder in der Richtung gegen das Land von *Adem* zu.[1] Die abessinischen Völkerschaften schildert der edle Venezianer als sehr kriegstüchtig und erwähnt, sie lägen beständig im Kriege mit dem Sultan von Adem, den Bewohnern von Nubien und anderen Nachbarn. Allgemein würden ihre Vertreter als die tüchtigsten Krieger anerkannt.[2]

Marco Polo berichtet nun, es sei ihm erzählt worden, im Jahre 1288 habe den Kaiser *(gran Signore)* von Abessinien die Lust angewandelt, das Grab Christi zu besuchen. Man hätte ihm jedoch aus verschiedenen Gründen von der Verwirklichung dieses Vorhabens abgerathen und er hätte sich entschlossen einen Bischof zu delegiren, der an seiner Statt die Andacht am heiligen Grabe verrichten sollte. Dieser Bischof sei in die Hände des Sultans von Adem gefallen, der ihn den Christen zum Hohne habe beschneiden und dann in die Heimat senden lassen. Diese dem christlichen Herrscher angethane Schmach sei an den Saracenen in einem Kriege gerächt worden, in welchem dem muhamme-

---

[1] Marco Polo bei Ramusio *(Raccolte delle navigationi et viaggi.* Venezia 1606), lib. III, p. 59, c. 38: „*Il maggior Re Christiano sta nel mezo di detta provincia* (d. i. *Abascia) e gli Re Saraceni hanno il loro reame verso la provincia d'Adem.*"

[2] Marco Polo bei Ramusio a. a. O.: „*Sono questi popoli Abyssini molto valenti nell' armi e gran guerrieri, per che di continuo combattono col' Soldano d'Adem e con popoli di Nubia e con molti altri, che sono ne' loro confini e per il continuo esercitati, sono reputati i miglior huomini da guerra di tutte le provincie dell' India.*"

danischen Feinde zwei mächtige saracenische Herrscher *(due gran Re Saraceni)* mit ungeheuerer Kriegsmacht zu Hilfe geeilt seien. Sieger sei der Herrscher von Abessinien geblieben, indem er die Hauptstadt von Adem eingenommen.[1])

Diese Daten Marco Polo's enthalten die ersten Nachrichten von den später so grausam geführten Kämpfen zwischen den christlichen Abessiniern und den muhammedanischen Einwohnern der südöstlichen Vorlande des afrikanischen Alpenlandes. Schon Salt hat vermuthet, dass statt Adem richtig gelesen werden solle *Adel*.[2]) Manche Karten und Werke führen zwar auf der Somâlhalbinsel auch eine Stadt *Adea* und ein Reich dieses Namens, das zu Abessinien gehörte [3]), doch ist dessen Position an der Südostseite der Somâlhalbinsel zu suchen und an eine Verwechselung mit dem arabischen Aden kann nicht gedacht werden, weil Marco Polo nach der Erzählung der Begebenheit mit der Entmannung des abessinischen Bischofs im C. 39 von Aden in Arabien handelt. Bei Marco Polo finden wir also zum ersten Male mit dem corrupten Namen *Adem* ein kräftiges, muhammedanisches Reich im Südosten Abessiniens erwähnt, dessen Beherrscher es wagen kann, das Oberhaupt des alten christlichen Staates von Habesch anzugreifen. Polo's *Adem* umfasste ohne Zweifel die Hinterlande von *Zeila* und *Berbera*, und ist identisch mit dem Reiche von *Zeila*.

Ein später Nachfolger Polo's, der Bolognese Ludovico Varthema (1502—1508), nennt *Zeila* eine Stadt in Aethiopien und preist den Reichthum und die Merkwürdigkeiten derselben, ohne indessen erhebliche neue Daten zu liefern.[4]) Auch bei anderen italienischen Reisenden, die früh und häufig nach Abessinien kamen, zum Theile sich dort ansiedelten, blieben nur die Verhältnisse von Habesch das

---

[1]) Marco Polo bei Ramusio a. a. O.: „*Andò a destrutione e ruina del Soldano d'Adem. Qual intesa la venuta di questo Re grande d'Abissini, fece venire* (sc. *Soldano d'Adem*) *il suo aiuto due gran Re Saraceni suoi vicini con infinita gente da guerra.*"

[2]) Salt, *A voyage to Abyssinia and travels in the interior of that country*, London 1814. Appendix V. Salt übersetzt unrichtig: „*The Moorish King has his residence in the centre of Adem*" und fügt hierzu in der Klammer bei: „*or as it should be properly written Adel.*"

[3]) S. Alvarez bei Ramusio (Venezia, 1606), I, c. CXXXI, p. 249.

[4]) Bei Ramusio, I, p. 156, c. 15. Der Excurs ist überschrieben: „*Di Zeila città d'Ethiopia e dell' abbondantia ed animali di essa città.*" Dann folgt: „*La città di Zeila è grandissimo traffico massime d'oro e di denti d'elephanti, quivi ancho si rende grandissima quantità di schiavi, i quali sono di quelli di Preste Janni, che li Mori pigliano in guerra.* Nach Aufzählung mehrerer Merkwürdigkeiten folgt: *In questa città è un buon vivere e qui stanno molti Mercadanti. La terra ha triste mura e tristo porto, nondimeno è posta in terra piana e ferma. Il Re di Zeila è Moro, e ha molta gente da piedi e à cavallo e sono genti bellicose. L'habito suo è in camicia. Il color loro sono olivastri; questi tali vanno mal armati, e tutti sono maumetani.*"

Hauptobject. Den Nachbarländern des christlichen Reiches wurde fast gar kein Augenmerk geschenkt.

Die Erzeugnisse der Kartographen des Abendlandes sind von mannigfachem Interesse. Obenan stehen italienische, spanische und portugiesische Arbeiten. Marino Sanuto[1]) (1375) schildert nur die Herrlichkeit des abessinischen Kaisers. Auf seiner Karte findet sich an der Einbuchtung des Rothen Meeres eine afrikanische Landschaft *Haden*, welche an *Zingiber* grenzt — offenbar Polo's *Adem*. Der südwestlich von *Haden* eingetragene See *(Tana)* beweist die Richtigkeit dieser Annahme. Die Karte der Gebrüder Francesco und Domenico Pizigani (1367)[2]) und die mit derselben übereinstimmende catalanische Karte weist nur den *Tana* als *Lacus Abaxie* auf. Andrea Bianco's[3]) *Planisfero* (1436) hat das mächtige Osthorn Afrika's mit dürftiger Topographie ausgefüllt. Die Nordküste desselben begleiten, wie die Araber gelehrt, unzählige Inseln. In der Nähe unseres Cap *Guardafui* befindet sich ein *imperium basera*, westlich das *imperium preste iannis*, gegen Sonnenuntergang von diesem ein *imperium cmibar*. Kein einziger dieser Termini lässt erkennen, dass Bianco von den südöstlichen Grenzländern Abessiniens Kenntniss gehabt. Das *Planisfero* des Giovanni Leardo[4]) (1452) weist gleichfalls eine sehr dürftige Topographie auf. Die Somâlhalbinsel findet sich auf diesem Weltbilde deutlich ausgeprägt. Den Südrand des Rothen Meeres bedecken eine Reihe von topographischen Zeichen für Städte mit eingefügten Namen, die leider auf dem Originale, das ich eingesehen, nicht mehr zu entziffern sind. Aus der Mitte dieser Miniatur-Burgen ragt ein *Mons clephas* hervor. Das Innere der Somâlhalbinsel füllen gleichfalls Städte mit unentzifferbaren Namen. Sie sind um ein *dixerto* gruppirt. Südlich vom *Mons elephas* sind *Monti* verzeichnet,

---

[1]) Vgl. über diesen Kartographen: Desimoni, Corn. *Intorno ai cartografi italiani e ai loro lavori manoscritti e specialmente nautici*. Estratto dagli, *Atti dell' Academia pontificia de' nuovi Lincei*, anno XXIX, 18. Marzo 1877, Roma 1877, pp. 3 ff., wo auch p. 4 die Literatur über *Marino Sanuto* angegeben ist. Abbildung in Santarem's *Atlas*, No. 27.

[2]) In Jomard's *Monuments*, No. 44 bis 49 u. Santarem's *Atlas*, No. 7. Vgl. auch Desimoni a. a. O. pp. 11 ff., wo auch die Literatur über die *Pizigani* angegeben ist.

[3]) *Facsimile del Planisfero disegnato da Andrea Bianco a Venezia nel 1436, che si conserva nella R. biblioteca di S. Marco, pubblicato per cura del C. Ammiraglio L. Fincati*. 1879. (In der *Rivista Marittima*.) Ueber die literarische Behandlung dieses Denkmals: Peschel, Der Atlas des Andrea Bianco vom Jahre 1436 (Venedig 1869), besonders pp. 12 ff. Bild in Santarem's *Atlas*, No. 7.

[4]) Berchet's *Planisfero di Giovanni Leardo* 1452 (Venezia 1880). Ich erhielt vom Besitzer des Documents, Herrn österr.-ungar. General-Consul von Pilat in Venedig, die Erlaubniss, das Afrika des *Planisfero* zu photographiren und gedenke dieses interessante Bild demnächst im Facsimile zu publiciren. Vgl. Mittheilungen der k. k. geogr. Gesellsch. zu Wien 1882, p. 306.

dove se cava molto oro. Westlich von diesen dehnt sich das *Imperio del presto Jani* aus. Sonst finden sich an Stelle topographischer Daten nur die Inschriften: *Qui naxe animali quadrupedi che hano il volto de homo* und *Qui naxe homeni che hano il volto nel petto* — lauter Fabeln aus Solinus und Isidorus. Bei der an den *Mons elephas* westlich grenzenden Burg vermag ein scharfes Auge die Anfangsbuchstaben *Za* einer Aufschrift, wahrscheinlich *Zaila* zu erkennen. Auf der anonymen Karte der Biblioteca Nazionale zu Florenz aus dem Jahre 1447[1]), welche die Somâlhalbinsel nur schüchtern angedeutet hat, sind unter der Inschrift: *Ethiopia* nur Unthiere, dann einige Königsgestalten ersichtlich. Ob aus dem graphischen Zeichen einer Burg, welche das Ende der östlichen Halbinsel Afrika's schmückt, geschlossen werden dürfe, dass es *Zeila* bedeutet, kann nicht mit Sicherheit behauptet werden.

Haben Sanuto, Bianco, Leardo und Andere unter mehr oder weniger zähem Festhalten des durch die Araber, namentlich 'Idrîsî, aufgestellten Bildes von Ost-Afrika meist nur griechische Autoren und Marco Polo in der Darstellung der topographischen Verhältnisse befolgt, so bietet uns das berühmte Weltbild des Fra Mauro[2]) (1457), was die südöstlichen Grenzländer Abessiniens und Schoa's betrifft, eine überraschende Fülle richtiger Details. Der wackere Camaldulenser verwerthete bereits geographische Daten, die ihm seine Landsleute, welche mit Venezianer Industrieartikeln zu seiner Zeit das Nilthal und Abessinien durchzogen, geliefert. Mauro verzeichnet im Osten seiner *Abassia* ein *P. (provincia) Adel*, südlich davon ein Gebiet *Ziada*, nördlich *Denchal* und an dem Eingang zum *Mare rubrum* ein *Zilla*. Ein Fluss mit bedeutender Stromentwickelung entspringt einem See im Süden von *Hamara* und wendet sich, an seinem linken Ufer zahlreiche Zuflüsse aus dem bergreichen *Abassia* aufnehmend, gegen Norden, um unter der Breite von *Bâb el-mandeb* in einen See zu münden; Mauro nennt ihn *Auaxo*. Wir haben hier ein Stück Geographie vor

---

[1]) Photogramm von Theobald Fischer in der *Raccolta di mappamondi e carte nautiche del XIII. al XVI. secolo* (Venezia 1881). Ich konnte auch ein Facsimile von Major Moretti am 3. internationalen geographischen Congresse zu Venedig vergleichen. Siehe die Literatur über das Document in den Mittheilungen der k. k. geographischen Gesellschaft zu Wien 1882, p. 308.

[2]) Zurla, Pl., *Il mappamondo di Fra Mauro cammaldolese descritto ed illustrato*. Venezia 1806. Bild in Santarem's *Atlas*, No. 7. Ich habe das Original in der Marciana verglichen. Das photographische Facsimile von Naya in Venedig bringt leider nur einen geringen Theil des Textes zum Ausdruck. Vgl. sonst: *Abissinia riprodotta nelle identiche dimensioni dal Mappamondo di Fra Mauro* im *Bolletino della Società Geografica Italiana* 1869. Fasc. 3. settembre.

uns, wie es der Natur getreuer nicht hätte niedergelegt werden können. *Adel* bildet ein mächtiges Gebiet für sich, offenbar eine Provinz Abessiniens. *Denchal* steht statt *Danâkil*, *Ziada* für *Zeila*. *Zilla* ist das heutige *Zula* oder *Dola*, wo sich die Ruinen von *Adulis* befinden. Der *Auaxo* (Hawasch) ist, was die Krümmung und Entwickelung seines Laufes betrifft, ganz richtig eingetragen. Dass er einen direct süd-nördlichen Lauf erhält, anstatt des richtigen, davon ist nur die einmal angenommene Gestalt Afrika's die Veranlassung und auch hierin entschuldigt Mauro der Umstand, dass er die Verzerrung des Afrikabildes in seinem östlichen Theile zu beseitigen bestrebt war. Ueberaus charakteristisch für die richtige Vorstellung von der wahren Sachlage ist die Mündung des Hawasch in einen See. Auch der *Xebe* (Zebi, Godscheb) findet auf Mauro's Karte seinen Platz, und es bedarf wahrlich keiner Einbildung, um auch den verzeichneten Golf von *Tedschura* an der Adâl-Küste zu erkennen, so dass man mit Recht behaupten kann, Mauro's Darstellung der geographischen Verhältnisse der süd-östlichen Grenzländer Abessiniens sei ein wahres Wunderwerk an Reichhaltigkeit und Richtigkeit in diesen frühen Zeiten. Von dem auf dem Kartenbilde selbst beigefügten geographischen Texte bezieht sich leider nur sehr wenig auf die Abessinien benachbarten Länder.[1]

Fra Mauro's Kartenbild sollte den Portugiesen auf ihren Fahrten an den afrikanischen Küsten als Führer dienen. Das Ost-Afrika betreffende geographische Detail dieses unschätzbaren Documents scheint bald in Vergessenheit gerathen zu sein. Auf dem Globus des deutschen Ritters Martin von Behaim[2], der mit den portugiesischen Seeleuten an der Beschiffung der afrikanischen Westküste thätigen Antheil genommen, findet sich nichts von all den richtigen Daten des Camaldulensers von Murano. Ost-Afrika weist drei Halbinseln auf. Die nördlichste derselben entspricht der Somâlhalbinsel. Des Ptolemaeos *Aromata* findet sich verzeichnet, und aus Marco Polo eine Stadt *Adem* im nordwestlichen Binnenlande der *Ethiopia sub Egypto*. An die Küste gesetzte Städte wie *diner, coniaar, arancore, pannovill*, eine Stadt des Binnengebietes *flaaf*, lassen sich nicht localisiren. Dass *Abassia* südlich von *Aromata* verzeichnet ist, erscheint als ein schwerer Missgriff. Dass aber gleichwol nur die nördliche Halbinsel, welche die Bezeichnung *Saba* trägt, mit der Somâlhalbinsel identificirt werden kann,

---

[1] Im Ganzen sind nur vage Angaben vorhanden, so an einer Stelle: „*questo re de Abussia detto Presto Janne ha sotto el so dominio molti regni e è estimada la so potenzia grandissima per numero de popoli i qual sono infiniti, e questo signor quando el va in oste ha siego un milion de homini.*"

[2] Jomard's *Monuments*, No. 52 und 53, und Santarem's *Atlas*, No. 12.

steht wol auch wegen der südlich von der Stadt *Adem* eingetragenen Worte: „Das Königreich der heil. drei König aus Saba" ausser Frage.

Allein nicht nur Behaim's geographische Daten über Ost-Afrika bekunden gegen Mauro einen Rückschritt, sondern auch manche andere Karten aus der ersten Hälfte des 16. Jahrhunderts. Mit der Zunahme der Kenntniss von der Gliederung der Küstenränder Afrika's schwindet das geographische Detail der Binnenterritorien auf den Karten von Afrika, weil es den Seeleuten nur darum zu thun war, Zuverlässiges über die Küste zu erfahren und einzutragen.

Auf dem *Mappamondo* des Spaniers Juan de la Cosa[1]) (1500) ist das Osthorn Afrika's völlig unterdrückt. Der ganze Küstenstrich nördlich vom Aequator ist mit völlig unverständlichen Namen von Küstenpunkten besäet. Der *Preste Juan* ist südlich von der Gabelung des Nil postirt und das Territorium zwischen dem rechten Ufer des aus Südafrika kommenden östlichen Nilarmes und den Küsten des *golfo arabico rubro* und des *Mare etiopico oriental* scheint der Halbmond zu beherrschen, dessen Zeichen im Felde eines Banners, sowol an der Küste, als auch im Binnenlande mehrfach angebracht ist. In einer Breite, die jener von *Zeila* entspricht, hat der Kartograph einen *Rey Sarazeno* angebracht. Südlich von diesem Bilde ist ein aus einem See entspringender, gegen die Ostküste eilender Fluss eingetragen, den ich für den Hawasch zu halten geneigt bin. Dass es schwerlich ein anderer Strom sein könne, beweist die Lage der Insel *Zanabar* (Zanzibâr). Positives wird sich übrigens nicht gewinnen lassen, wie ja auch die Entzifferung der zahlreichen Namen der Küstenorte der Karte nördlich vom Aequator ein müssiges Geschäft wäre, weil sich Juan de la Cosa auch, was die Topographie anderer Punkte von Afrika betrifft, mit verworrenen, ungenauen Angaben behilft.

Auf den Karten, welche der Zeit nach unmittelbar nach dem *Mappamondo* des Juan de la Cosa gefolgt sind, finden wir die Somâlhalbinsel allüberall wieder deutlich ausgeprägt. Die *Carta marina Portugalensium*[2]) (1501—1504) ist an Daten sehr dürftig. Die Insel *Çacotoia* findet sich eingetragen. Die Somâlhalbinsel erscheint unter dem Namen *Gargeia*. Nordwestlich, also in der Gegend der heutigen Adâl-Länder, findet sich ein Gebiet *Ninotora*. Der Strassburger Ptolemaeos vom Jahre 1513 hat in der Gegend der Adâl-Länder ebenfalls die Bezeichnung *Ninotorac regionis pars*. Auch *Magadaza* am indischen

---

[1]) Facsimile, edirt vom Marine-Depôt zu Madrid unter dem Titel: *Mappemonde de Juan de la Cosa, fin du XVe siècle;* auch in Jomard's *Monuments*, tab. 19 und 20 und in Santarem's *Atlas*, No. 13.

[2]) Lelewel's *Atlas*.

Ocean figurirt auf ersterer Karte. Auf dem Kartenbilde des Johannes Ruysch[1] (1507—1508) füllt den Westen der Somâlhalbinsel wieder eine völlig unverständliche Topographie. Die Namen *sica*, *palica*, *sargel*, *cursel*, *Sarach*, *garvall* stehen in der Aufeinanderfolge von Norden nach Süden einfach neben einander. Ein Bergzug trennt das östliche Gebiet der Somâlhalbinsel vom westlichen; das letztere führt den Namen *Subi*. Bernhard Sylvanus[2] hat neben dem antiken Namen einer *Trogloditica regio* hart am Aequator *Melinde* verzeichnet. Auf der spanischen Karte vom Jahre 1527[3], welche zu Weimar aufbewahrt wird, bedecken die Somâlhalbinsel, namentlich den Nordrand derselben, zum Theil neue Namen. Nördlich von *Magadaxo* finden sich die Namen *opim.* und *assum*, dann folgt das *C. degar da fune*. Westlich von diesem ein Ort *met.* und die Bezeichnung von *v. Ruzne*. Dieser benachbart ist *barbana* und *zeila*. Dort, wo die Küste bereits nördlich ansteigt: *delaca* und *mocana*. *Assum* und *meta* bleiben eine Zeit stehende topographische Namen. In *Barbana* ist *Berbera* zu erkennen; *delaca* bezeichnet den kleinen *Dahlak*-Archipel, in der Nähe von Massaua. *Mocana* ist verdorben, aus *Massaua Maçaua* geschrieben. *Assum* ist wol das heutige *Râs Haffûn*. Diese Daten dankten die Seefahrer der Umsegelung des Caps *Guardafui*, welche im Jahre 1504 von den Portugiesen bewirkt worden war.

Uebereinstimmend mit der Karte aus dem Jahre 1527 sind die die Somâlhalbinsel betreffenden Daten des Afrikabildes von dem spanischen Grosspiloten Diego Ribero (1529)[4]. Wir finden auf demselben *opim* und *cassim*, das *cabo de garda fune*, *met*, *va reyne*, *barbora* und *Zeila*. In dem *zelaca* der Karte ist *Dahlak*, in dem Namen *zanaqñ Sauâkin* zu erkennen. Das Binnenterritorium südlich von *Zeila* und *Berbera* schmückt die Aufschrift: *Los qabuana, qui son moros si tienet terra con logia bexines tracta coloz d' la tierra circerayeza: tiene idos cosi do conea miza inclauazo*. Die sonst auf Ribero's Afrikabil angegebene übertriebene geographische Länge tritt an der Strasse von *Bâb el-mandeb* nur in geringem Maasse zu Tage.

Sebastian Cabot[5] verzeichnet auf seinem aus der ersten Hälfte des 16. Jahrhunderts stammenden Afrikabilde gleichfalls eine ziemlich reiche Nomenclatur. Das rechte Nilufer und den Lauf des *Astaboras* und *Astapus* umsäumen von Norden gegen Süden die Landschaften

---

[1] Lelewel's *Atlas*.
[2] Lelewel's *Atlas*.
[3] Santarem's *Atlas*, No. 16.
[4] Santarem's *Atlas*, No. 17.
[5] Jomard's *Monuments*, No. 64 bis 71.

Auxamia, Auxumite, Adulia, Soboride, Molite. An letztere grenzt die *Troglodytica regio* der Alten, die sich in der Mitte der Somâlhalbinsel ausbreitet. Den Nordrand dieser letzteren bedecken in der Richtung von Westen nach Osten folgende Ortsnamen: *degilbecor, mcca, puertas del estrochode, zelam, pidar, barbora, buette, salir, Tassar.* Nun folgt das *C. guarda fune.* Von diesen Namen lassen sich ausser *zelam* und *barbora* schwerlich welche localisiren.

Der Afrika-Karte des Globus aus der ersten Hälfte des 16. Jahrhunderts, welcher zu Frankfurt a. M. aufbewahrt wird[1]), weist ein Seebecken im Süden von *Bâb el-mandeb* auf und südlich von demselben die Bezeichnung *Adulite.* Sonst sind auf dem Osthorn von Afrika nur antike Daten in Begleitung der unerlässlichen Missgestalten eingetragen. Ebenso dürftig präsentirt sich die Karte, welche im Auftrage Heinrich II., Königs von Frankreich, angefertigt wurde. Sie enthält wol *Zella* an Stelle des heutigen *Zeila* und: *Illes de Decla* an Stelle des *Dahlak*-Archipels. Allein das Centrum der Somâlhalbinsel nehmen wiederum *Les Troglodytes* ein.[2])

Aus diesen Ausführungen wird wol zur Genüge klar, dass keines der hervorragenden Afrikabilder der älteren Kartographen, was die geographischen Angaben über die südöstlichen Vorlande Abessiniens betrifft, an das *Mappamondo* des Frater Maurus heranreicht. Dieser „Cosmographus incomparabilis" entwarf das Bild der geographischen Verhältnisse der Adâl-Länder auf Grund autoptischer Daten, die seine Landsleute gesammelt, und es ist sehr zu beklagen, dass namentlich die portugiesischen und spanischen Seeleute, die freilich bei ihren Aufnahmen ganz andere Zwecke verfolgten, ferner die zahlreichen Kartographen, die in Italien allüberall zeichneten, das kartographische Meisterwerk des Camaldulensers fast gar nicht benutzten oder sonst verwertheten.

---

[1]) Jomard's *Monuments*, No. 15 und 16.
[2]) Jomard's *Monuments*, No. 23 bis 34.

IV.
Portugiesische Reisende und gelehrte Compilatoren.

Heinrich der Seefahrer war bei der werkthätigen und eifrigen Unterstützung der portugiesischen Fahrten an der Westküste Afrika's hauptsächlich darauf bedacht, das Land des Erzpriesters Johannes, von welchem Marco Polo Kunde nach dem Abendlande gebracht, zu erreichen. Als man den Senegal und Gambia entdeckt, gaben sich die Portugiesen der Hoffnung hin, es könnte vielleicht gelingen, auf einer dieser Wasseradern in das vielgepriesene Reich des Erzpriesters zu gelangen. Bald sah man die Täuschung ein. Als aber Bartolomeu Dias 1487 das wogenumbrüllte *cabo tormentoso* entdeckt hatte, und die peninsulare Gestalt Afrika's erkannt worden war, glaubte König Johann II., weil an der Erreichung des Landes des Erzpriesters kaum mehr zu zweifeln war, bei dem mächtigen Potentaten für die Portugiesen eine freundliche Aufnahme erbitten zu sollen und sandte zwei Männer, Alfonso de Payva und Pedro de Covilham ab, welche auf dem Landwege nach Abessinien dringen sollten. Payva starb schon in Kairo und Covilham, ein junger Kriegsmann, der sich schon in den Kämpfen mit Marokko ausgezeichnet, gelangte 1490 nach Abessinien, wurde an der Rückkehr nach Portugal gehindert, verheirathete sich in dem Lande des Erzpriesters und starb daselbst vor dem Jahre 1520.[1]

Als Vasco da Gama mit dem portugiesischen Geschwader in Indien angekommen war und seine Nachfolger in Indien von Sieg zu Sieg eilten, den christlichen Namen Portugals zu einem ruhmumstrahlten, aber auch gefürchteten machend, drang der Ruf von dem Ruhme und der Grösse Portugals auch in das Reich des Erzpriesters Johannes. Hier wüthete ein Kampf zwischen den monophysitischen Christen des Landes und ihren sich im Südosten Abessiniens ausbreitenden muhammedanischen Nachbarn. Die Abessinier wurden hart bedrängt. Da wandte sich die Witwe Beda Mariams, Kaiserin Helena,

---

[1] Barros, *Asia*. Dec. I, lib. III, c. 5.

welche für ihren jugendlichen Enkel, Kaiser David III. (geboren 1492, Regent 1508—1540) die Regierungsgeschäfte führte, an den König von Portugal um Hilfe in der Bedrängniss, indem sie einen Armenier, Namens Matthaeus, mit einem Briefe an den Vicekönig von Indien abschickte. Dieser königliche Bote brachte mit einem Briefe David III. Partikelchen von dem Kreuzesholz Christi als nicht unwirksame Empfehlung nach Indien, kam aber erst 1513 nach Lissabon, wo man ihn wolwollend aufnahm und sich beeilte, gleichfalls eine Botschaft an den Hof des abessinischen Kaisers zu entsenden. Duarte Galvano, der sie führte, wurde auf der Reise ermordet. Zum Ersatze wurden nun drei Männer nach Abessinien beordert, Rodriguez de Lima, ein junger Offizier, P. Francisco Alvarez und João Bermudez, letzterer in der Eigenschaft eines Secretärs der Gesandtschaft. Im April 1520 langten portugiesische Schiffe mit Matthaeus und der Gesandtschaft in Massaua an, in der Absicht die türkische Flotte im rothen Meere anzugreifen. Das Ziel Heinrich des Seefahrers war erreicht. Von dem vermeintlichen Glanze Abessiniens war aber nichts zu finden; man traf nur arge Barbarei an und ein verwahrlostes Christenthum. P. Alvarez blieb sechs Jahre in Abessinien und ihm verdanken wir einen äusserst werthvollen Bericht über Land und Leute der afrikanischen Schweiz[1]), in welchem auch einige Excurse über die südöstlichen Nachbarländer Abessiniens enthalten sind.

Nachdem sich die portugiesische Flotte wieder zurückgezogen, wurde die Unterstützung der Muhammedaner in den Adâl-Ländern durch die Türken eine nachhaltigere. Kaiser David wurde geschlagen und suchte Zuflucht in den Bergen von Tigrié. Abermals dachte man daran, portugiesische Hilfe herbeizurufen. Bermudez wurde daher 1535 abgeschickt, um diese zu erflehen. Er gelangte aber erst 1539 nach Rom mit Briefen an den König und Papst. Alvarez brachte sie nach Bologna vor Clemens VII. und Kaiser Karl V.[2]). Kaiser David starb 1540; ihm folgte sein zweiter Sohn Claudius (1540—1559).

Bermudez' Gesandschaft war von Erfolg begleitet. Der Vicekönig von Indien, Estevan da Gama, sandte im Juli 1541 seinen Bruder Cristoforo da Gama, der von Bermudez und Jesuiten begleitet war, mit 450 Musketiren und sechs Geschützen nach Abessinien, wo dieses kleine

---

[1]) Das Werk des Alvarez erschien zuerst zu Lissabon 1540 unter dem Titel: *Ho Preste Joam das Indias. Verdadera informacam das terras do Preste Joam* etc. Ramusio hat es in's Italienische übersetzt, Hakluyt und Purchas in's Englische. Französisch wurde es 1558 herausgegeben zu Antwerpen, spanisch zu Toledo 1588.

[2]) *Legatio David Aethiopiae regis, ad sanctissimum D. N. Clementem Papa VII, una cum oboedientia eidem sanctiss. D. N. praestita.* Bononiae 1533. (Italienisch in demselben Jahre, ebendaselbst.)

Heer bald durch 10,000 Abessinier sich verstärken konnte. Mit wechselndem Kriegsglück kämpften die heldenmüthigen Portugiesen gegen die muhammedanischen Adelenser, bis sie sammt ihrem wackeren Führer ohne Ausnahme aufgerieben wurden. Aber auch der feindliche Anführer Muhammed Granhe oder Gran [1]), wie ihn die Portugiesen auch nennen, war gefallen (1544), worauf nach und nach der Kampf ein Ende nahm, ohne indessen völlig zu erlöschen, bis Claudius selbst getödtet worden. (März 1559.) Bermudez hatte alle Phasen des Krieges auf das Genaueste verfolgt und nach seiner Rückkehr in die Heimat beschrieben.[2]) Dieser Mann hat nicht weniger als dreissig Jahre in Abessinien verweilt. Geographischen Dingen hat er selten Beachtung geschenkt. Die Jesuiten, die mit Bermudez gekommen waren, hatten sich zu Fremona in Tigrié etablirt. Die Einführung der Abessinier in den Schooss der katholischen Kirche hatten sie mit Ueberhastung in Angriff genommen, daher ein Misslingen ihrer Absicht vorauszusehen und ihre Vertreibung die Folge war. Indessen haben die Padres für die geographische Kenntniss von Abessinien Erkleckliches geleistet.[3]) •

Das begonnene apostolische Werk in Habesch wurde indessen von der römischen Curie nicht aufgegeben, wiewol die Resultate der Mission kaum nennenswerte gewesen sind. Im Jahre 1604 langte P. Francisco Paez in Fremona an und dieser Priester verstand es durch tactvolles Auftreten, sich und der Lehre, die er vertrat, nicht nur bei den Bewohnern, sondern auch bei dem Fürsten des Landes Sympathie zu erwerben, in dem Maasse, dass es ihm gelang, den Negus und seinen Bruder Sella Christos zu bewegen, zum römischkatholischen Glauben überzutreten. Diese durch die Sachlage im Lande noch wenig vorbereitete Conversion hatte eine Revolution zur Folge, in welcher das Missionswerk nur geschädigt wurde. Doch das Vertrauen, welches die Padres besassen, erlaubte eine freiere Bewegung im Lande, deren Resultat die Ansammlung geographischer und historischer Daten über das Land gewesen ist. Paez starb nach einer neun-

---

[1]) Auch *Gragne*, lateinisch *Grainus* oder *Gragna*; Ludolf (*Historia Aethiopica*, Frankfurt 1681, lib. I, c. 16) schreibt: ኀሏ፥

[2]) Bermudez's Werk erschien 1565 zu Lissabon unter dem Titel: *Breve relação da embaixada, que o patriarcha D. João Bermudez trouxe do imperador da Ethiopia, vulgarmente chamado Preste João.* Wieder abgedruckt wurde das Werk in der *Collecção de opusculos reimpresos relativos a historia dos navegações viagens e conquistas dos Portuguezes.* Lisbôa 1855, tom. I, No. IV. Endlich ist der Bericht in Purchas *Pilgrims* II enthalten. Vgl. auch Castanhoso's *Historia das causas queo muy esforçado capitão Dom Christouão du Gama fez nos reynos do Preste João, com quatrocētos Portugueses que consigo leuou* in der genannten portugiesischen Sammlung der Wiederabdrücke.

[3]) Ludolf, *Historia Aethiopica*, lib. I, c. 2.

zehnjährigen erspriesslichen Wirksamkeit in Abessinien selbst. Als Nachfolger P. Paez's wurde 1624 Alfonso Mendez, später Manuel d'Almeyda, João Nonio Barreto, Andrea Oviedo, nach Abessinien geschickt. In Begleitung Mendez's befand sich P. Hieronymus Lobo [1]), dem wir eine vortreffliche Beschreibung von Abessinien verdanken. Die von Paez und Mendez u. A. gesammelten Daten über Abessinien wurden zuerst von Almeyda zusammengefasst, später aber von P. Balthazar Tellez in einem reichhaltigen Werke verarbeitet.[2]) Barreto's und Oviedo's Leben beschrieb Nicolaus Godigno, der sich zugleich gegen den übel berathenen Urreta wandte.[3])

Die geographischen Daten der portugiesischen Reisenden sind, was die bereisten Gebiete von Abessinien betrifft, sehr reichhaltig, zum Theil unschätzbar. Was die südöstlichen Grenzlande von Habesch anlangt, also die Landschaften der Adâl und das Gebiet von Harâr, so lässt sich behaupten, dass sie von den portugiesischen Gewährsmännern nicht bereist worden sind. Die genaue Schilderung der Kämpfe zwischen den Abessiniern und Gragne, die Bermudez geliefert, lässt allerdings der Vermuthung Raum, dass der wahrheitsliebende Verfasser die Schaaren des Negus auf einigen der Kriegszüge begleitet haben mag. Doch belehrt uns das Geschichtswerk selbst nicht ausdrücklich, dass dies wirklich geschehen sei. Im Gegentheil kann man aus der Abstinenz des Verfassers in geographischen, selbst nur einfach topographischen Dingen, ferner aus der Thatsache, dass die meisten Schlachten in Gegenden geliefert wurden, welche integrirende Bestandtheile des abessinischen Reiches bildeten, schliessen, dass Bermudez über die Grenzen des Reiches des Erzpriesters nicht hinausgekommen sei. Von autoptischer Kenntniss des Gebietes des feindlichen Reiches *Adel* ist weder bei Alvarez, noch bei Bermudez, noch bei Lobo, oder in dem zusammenfassenden Werke des Tellez irgendwo die Rede. Ob die von Negus Susneus ausgeschickten zwei Männer, Fecuregzie uud Fernandez, auf ihrer beabsichtigten Reise von Abessinien über Melinde nach Indien irgend einen Theil der süd-

---

[1]) Von Lobo hat Le Grand während seines Aufenthaltes in Lissabon eine vortreffliche Uebersetzung, resp. Bearbeitung angefertigt unter dem Titel: *Relation historique d'Abyssinie. Du R. P. Jérôme Lobo de la Comp. de Jesus. Traduite sur le Manuscrit Portugais, continuée et augmentée des plusieurs dissertations, lettres et mémoires.* Paris 1728. Das Original erschien unter dem Titel: *Historia de Ethiopia* zu Coimbra 1659.

[2]) *Historia geral de Ethiopia a alta ou Preste Joani e do que nella obraram os padres da companhia de Jesus. Composta na mesma Ethiopia pello padre Manoel d'Almeyda. Abreviada com nova relaçam, e methodo pelo Padre Balthezar Tellez.* Coimbra 1660.

[3]) *De Abassinorum rebus deque Aethiopiae Patriarchis Ioanne Barreto et Andrea Oviedo.* Lugduni 1615.

westlichen Adâl-Länder durchmessen haben, ist unwahrscheinlich, weil das Land, in welchem sie zur Umkehr genöthigt wurden, im Süd-Südosten von Kaffa und Enarea zu suchen ist.

Bei ihrer Ankunft in Abessinien fanden die Portugiesen in den südöstlichen Grenzlanden von Habesch von dem Fusse der Alpen von Schoa und Amhara an bis zum Cap Guardafui fast die ganze Erstreckung der Somâlhalbinsel ausfüllend, ein muhammedanisches Reich, welches *Adel* oder *Zeila* genannt wurde [1]) und dessen Bewohner phanatische Moslim waren. Alvarez [2]) schreibt, die abessinischen Provinzen *Fatigar* und *Xoa* grenzen im Osten an das Reich *Adel*, welchem *Zeila* und *Barbora* unterthan seien. Der Beherrscher desselben sei unter den Mohren angesehen und werde wie ein Heiliger verehrt, weil er beständige Kämpfe gegen die Christen führe. Schutz und Unterstützung leihen diesem afrikanischen Fürsten der König von Arabien, die Herren von Mekka und Kairo und andere Mohrenkönige, welche ihm Waffen, Pferde und anderen Kriegsbedarf beistellen, wofür er hingegen sie mit abessinischen Sklaven zu versehen hat, die er sich auf seinen Raubzügen beschafft. Die Nordwestgrenze von *Adel* bilde, berichtet Alvarez, ein Mohrenreich *Dangali*, dessen Hafenplatz am rothen Meere *Vella* sei.[3]) In der Mitte des Reiches *Adel* auf dem Wege zu Lande in dasselbe, beginne das Reich von *Adea*, welches friedliche Mohren bewohnen, die dem Prete Janni unterworfen sind. Das Gebiet von *Adea* reiche ostwärts bis *Magadasso*.[4])

Dies sind sämmtliche Daten, die Alvarez über *Adel* zu liefern im Stande war. Er kennt den Umfang des Reiches *Adel* und weiss einiges Weniges über dessen Herrscher. Ramusio hat diese trockenen Daten auf der Karte im ersten Bande seiner Raccolte verzeichnet. *Adel* scheidet ein Bergzug von *Adea* und *Dangali*. Zu *Adea* scheinen die Häfen *Asum* und *Pate* gerechnet werden zu sollen. Sonst enthält auch Ramusio's Karte keine neuen Angaben. Die kleinere Karte bei Ramusio zu dem Aufsatze *sopra il crescere del Nilo* hat *Zella* an Stelle von *Zeila*, und eine Stadt *Cassumo* in der Mitte des von Bergen gegen Westen und Süden umgrenzten *Regno di Adel*.[5]) *Zella* und *Cassumo* danken ihr Vorhandensein einem kartographischen Fehlgriff. Letzteres

---

[1]) Tellez, *Historia geral de Ethiopia*, p. 5, 22 und Karte: *Reyno de Adel, ao qual nos chamamos Zeyla*.

[2]) Bei Ramusio I, c. CXII, p. 189 und c. CXXV, p. 249 der Venediger Ausgabe von 1606.

[3]) Alvarez bei Ramusio a. a. O., c. CXXIX, p. 219. *Vella* richtig wol *Zella* ist *Zula* oder *Zola* auf der Ruinenstätte von *Adulis*.

[4]) Alvarez bei Ramusio a. a. O., c. CXXXI, p. 149.

[5]) Ramusio I, p. 261.

ist offenbar aus dem *Râs Haffûn* durch Entstellung entstanden und von der Küste binnenwärts versetzt worden.

João Bermudez lässt sich in seinem Geschichtswerke auf eine Beschreibung der geographischen Verhältnisse des Adel-Reiches nirgends ein. Einige Grenzgebiete Abessiniens, wie *Oggy* und *Goragne*, das Land der *Gafates* und *Damute* beschreibt er wol in eigenen Capiteln, aber der Osten bleibt unberührt.[1]) Dagegen liefert uns Tellez in seinem Geschichtswerke von den Adâl-Ländern ein ziemlich anschauliches Bild und unterstützt dasselbe durch einen zweckdienlichen Kartenentwurf.[2]) Die Ostgrenze Abessiniens bilden die Reiche *Dancali, Arô, Bali* und *Fategar*. Der gewaltige *Rio Aoaxe (Haoax)* entspringt aus zwei Quellen im *Reino Fategar*. Die südliche derselben *(Rio Machi)* ist seeartig erweitert zum Becken des *Alagoa Zoay*. Der Fluss nimmt seinen Lauf gegen Nordwesten, ohne das Meer zu erreichen, indem er sich unter der Erde verliert. Am rechten Ufer seines Mittellaufs ist eine Stadt *Auça Gurrélé* (die Karte hat *gurrese*). Die Capitale des *Reino Adel, a que*, wie Tellez gleich auf der Karte bemerkt, *chamamos Zeila*. Südlich von dem Reiche *Adel*, an dessen Südwestgrenze der *Rio Zebée* entspringt und gegen den Aequator eilt, ist die *Patria e nacimento dos Gallas*. Den Westrand der Somâlhalbinsel bewohnen *Cafres*. Die Bucht von Tadschura ist kräftig ausgeprägt und trägt die Bezeichnung *Estario entro quatro Jornadas*. Ein *R.(io) Dameta, R. da pedia, R. Pali* finden sich am Nordrande des Osthornes von Afrika. In dem geographischen Text scheint Tellez ein besonderes Augenmerk auf die Fixirung der Südgrenze des abessinischen Reiches verwendet zu haben. Er sagt[3]), das Land, welches zwischen *Bâli* und dem Meere gelegen sei, sei die Heimat der Gallas. Das allmälige Vordringen dieses kriegerischen Volkes beschreibt er in den Advertencias zur Karte recht eingehend.[4]) Der *Rio de Zebée* gilt ihm als ein Strom von gewaltiger Wassermasse.[5]) Südlich von den Landschaften *Gingiro, Cambate, Bargamo* und *Gomar,*

---

[1]) Bermudez, *Breve relação*, c. 49—51.
[2]) Tellez, *Historia geral de Ethiopia*, p. 1—98 und die *Taboa das Terras e Reinos do Imperio Abexim*.
[3]) Tellez, *Historia geral de Ethiopia*, p. 59: *Esta terraz poys que jazem entre Bali e o mar he a propria patria dos Gallas*.
[4]) *Ad virto mays q̃. os Gallas, de quem se fax mençam entràram nos Reynos de Ethiopia por Ballii, pelos annos de mil e quinhẽtos e trinta e sete. Pauco a pauco foram senhoreando Ballii, Fategàr, Doaro, Ogé, Bizamô, Oifate, Angóta, Cambàte, cõ muytas provincias q̃. lhes fiquanno meyo. Sam hoje mays de setèta cabildas, sendo q̃. entràram só quatro. Senam tiveram guerras huns com outros, jà tiveram conquistado todo o Imperio.*
[5]) Tellez, *Historia* p. 318: „*Leva este rio mayor pexo de agoa do que o Nilo.*"

dessen tapfere Thaten nach seinem Tode Lieder gedichtet und bei Hofe gesungen worden sind.

Was die portugiesischen Reisenden an geographischem Wissen über die Länder der Adâl und Harâr erkundet, ging zum Theile in die Bücher gelehrter Verfasser von geographischen, Afrika betreffenden Werken und auf Emendatoren über, wo es bald durch Vergleich oder Kritik erweitert und beleuchtet, nicht selten auch verdorben oder verstümmelt worden ist. Luys Marmol del Caravaial hat im ersten Theile seiner *Descripcion general de Affrica* nur Allgemeines über die Lage von *Adel* verzeichnet.[1]) Im zweiten Theiles spricht er[2]) von *bassa Ethiopia, Quefreria y la Abaxia*, welcher Ländercomplex sich von der Mündung des Nigir (bei Marmol der Senegal) bis zum Cap *Guardafu* 80° hindurch erstrecken soll. An der Küste von *Habaxa* liege auch die Stadt *Zeyla*. Sie gehöre zu dem Königreiche *Adel*, dessen Hauptstadt *Arar* heisse und südwestlich von *Zeyla* 30 leguas entfernt sei.[3]) Die Umgebung der Stadt ist fruchtbar, die Stadt selbst ein wichtiger Marktplatz, dessen Bedeutung in früheren Zeiten eine noch grössere gewesen. Seit die Portugiesen in Indien erschienen, sei *Zeyla*, meint Marmol, von seiner Höhe herabgesunken und werde von Aden in Arabien überflügelt. Im Jahre 1507 sei es sogar von den Lusitaniern unter Lopo Xuarez belagert und zerstört worden. Im Inneren des Landes von *Adel* lägen die Städte *Orgabra, Migiale* und *Sequela*, letztere an einem See erbaut, alle reich an Sklaven, Myrrhe und Gold. Die Westgrenze *Adel's* bilden *Bali, Maurra, Doara, Comizara, Nonocara* und *Seceli*, lauter grosse Städte. *Barbara*, gleichfalls „*en la costa de Habaxa*[4])", 18 leguas von *Zeyla* entfernt „*a la parte de el Norte*", gibt an Bedeutung der westlichen Schwester nichts nach, obgleich sie 1518 von Antonio Saldaña zerstört wurde.

Die wichtigste Nachricht, die wir aus Marmol's ungenauen, zum Theile verworrenen Angaben schöpfen, betrifft die Stadt *Arar*, die Centrale von *Adel*. Marmol hat ohne Zweifel von dem aufblühenden *Harâr* vernommen, welches die Rolle von *Auça-Gurrelé* übernahm und er ist somit der erste, der früher noch als Santos, schon am Ende des 16. Jahrhunderts, den Namen dieser Stadt nennt und der alten

---

[1]) Marmol, *Descripcion general de Affrica, con todos los succesos de guerras que a auido entre los infides, y el pueblo Christiano, y entre ellos mesmos desde que Mahoma inueto siu secta hasta el año del señor* 1571. *Dirigida a la C. R. M. del Rey Phelippe segundo deste nombre.* Granada 1573 und Malaga 1599, tom. III.

[2]) Marmol, *Descripcion*, II, fol. XXI.

[3]) Marmol, *Descripcion*, II, fol. LX, lib. X, c. VII.

[4]) Marmol, *Descripcion*, II, fol. LX, lib. X, c. VIII.

von den Portugiesen beschriebenen Metropole mit keinem Worte Erwähnung thut.

Der Gewährsmann, von dem Filippo Pigafetta[1]) seine geographischen Daten über Ostafrika erhalten, hatte sich auf der Westseite des afrikanischen Continents aufgehalten und war daher wohl nicht im Stande, Zuverlässiges zu liefern. Pigafetta verlegt also den *Lago Barcena (Tana-*See), indem er ihm einen colossalen Umfang anweist, gerade an die Stelle, wo der Continent zur Somâlhalbinsel sich verengt. Nach Norden entsendet der See einen Strom, den *Rio de Zeila*, der zwischen den Seeplätzen *Zeila* und *Barbara* in den Ocean sich ergiesst. Die *Macrobii* mahnen an die Scholastiker. Das Reich des Prete Gianni umfasst nach Pigafetta die Länder vom Beginne des rothen Meeres bis zur Insel von *Siene*, „*eccetuale le riviere del detto mare (sc. rosso) le quali da 50. anni in quà egli per trascuraggine hà perduto, hauendogliene tolto il Turco*".[2]) Vom *Capo di Guarda Fuy* gegen Westen schreitend, treffe man die Häfen *Meth*, *Barbora*, wo die weisse Hautfarbe der Bewohner aufhöre, dann *Ceila*, *Dalaco*, *Malaca* und *Carachin* oder *Baragiam*.[3]) Aus Pigafetta's Darstellung ist nirgends zu ersehen, dass er sich bei seinen Landsleuten oder bei den Portugiesen, die in Abessinien gewesen, um Daten bekümmert hätte.

Nicolaus Godigno machte es sich zur Aufgabe, zu emendiren, was der von gewissenlosen Schwindlern angeführte Bischof Ludwig Urreta in seiner *Historia ecclesiastica* Falsches über Abessinien verbreitet. Er kam dabei auch auf die südöstlichen Nachbarländer von Habesch zu sprechen. An der Südostseite des *Dancali*-Landes gegen den Ausgang des rothen Meeres zu stosse man auf *Aucaguerle*, „*quod Qari fluvio irrigatur*".[4]) Mohren bewohnen dasselbe, welche dem abessinischen Kaiser unterthan sind. „*Sequitur*", fährt Godigno fort, „*Adelum gradibus ab Aequatore ad arcticum polum distans duodecim, urbs in eo nunc Zeila*". Aus *Adelum* ging Gragna hervor, „*Muhametanus rex, qui tum iam fere totam hanc Aethiopiam armis subegisset, ab Lusitanis postea multis victus proeliis et ad extremum captus praeciso ab cervicibus capite meritas nequitiae suae poenas persolvit*". Auf *Adelum* folge das Reich *Dahali*, gegen *Mombaza* bis zum Aequator sich erstreckend, mit theils christlicher, theils saracenischer Bewohnerschaft und dem abessinischen Machthaber unterthan. Zum Schlusse dieser Beschrei-

---

[1]) *Relatione del reame di Congo et delle circonvicine contrade tratta dalli scritti et ragionamenti di Odoardo Lopes Portoghese da Filippo Pigafetta*. Roma 1591. Mit schöner Karte.
[2]) Pigafetta, *Relatione*, p. 79.
[3]) Pigafetta, *Relatione*, p. 78.
[4]) Godigno, *De Abassinorum rebus*, p. 14.

bung führt Godigno als auf *Dahali* folgend eine Anzahl von Reichen an, mit abessinischen, zum grössten Theile unverständlichen Namen. *Aucaguerle* und *Qari* sind blosse Schreibfehler für *Auca-Gurrelé* und *Oaxi*, wie sie ein Abschreiber natürlich sehr leicht machen konnte. Der gelehrte holländische Arzt Olivier Dapper, der ein weitverbreitetes Compendium der afrikanischen Geographie geliefert, hat das „Königreich *Adel* oder *Zeila*" eingehend beschrieben.[1]) Unter seinen Quellen nennt er wiederholt Marmol und Pigafetta, ohne dass sich indessen in den Werken dieser die von Dapper aus ihnen angeblich geschöpften Daten immer alle auffinden liessen. Er lässt *Adel* im Norden an *Suaken*, im Süden an *Adea*, im Westen an *Fatigar* und im Osten an den indischen Ocean grenzen; es füllt somit, wie bei den Vorgängern Dapper's, die ganze Somâlhalbinsel. Seine Länge von *Zeila* bis an das Vorgebirge *Guardafuy* längs dem Seestrande hin begreife 72 Meilen und von *Guardafuy* längs dem Ostrande ungefähr 48, seine grösste Breite 56 Meilen. Hauptstadt, auf der Nordbreite vom 9° gelegen, sei *Ara*, das von Einigen *Arika Gurele*, von Marmol *Arat* genannt werde. Am nördlichen Strande von *Adel* gibt Dapper folgende Plätze an: *Zeila* (angeblich 10° 20' nördlicher Breite, 26 Meilen von der Strasse *Meche)*, *Barbara*, *Mette*, *Dardura*, ferner *Sahir*, unbestimmt in welcher Lage und wahrscheinlich nicht localisirbar. Im Binnenlande liegen *Comizara*, *Soalai* und *Ajava*. In den Busen, an welchem *Zeila* liegt, mündet ein Fluss, der auf der Karte keinen Namen führt. *Felles Montes* trennen das flache *Adel* von dem südlichen Nachbarlande *Magadoxa* und *Doara*, welche Gebiete wieder zur grossen Landschaft *Aiania* gehören. Südwestlich von den *Felles Montes* liegt eine Stadt *Zingi* und ihre Umgebung bewohnen *Zingi populi*. Das *Mote de Pelix* schrieb Dapper für das alte *Mons Felix*. Text und Karte sind bei dem Verfasser in geringer Uebereinstimmung, die verschiedenen Verfasser derselben leicht erkennbar. Auffällig und für die Karten der Folgezeit sehr bezeichnend, ist der Umstand, dass auf Dapper's Karte zum ersten Male die Landschaft *Adel* recht eingeengt erscheint. Der Hawasch ist nicht verzeichnet. Im Texte beschreibt ihn Dapper im Anschlusse an Marmol und die Portugiesen und rectificirt die Ansicht von der ungeheueren Länge des Stromes.[2])

---

[1]) Dapper, O., Umbständliche und Eigentliche Beschreibung von Africa und denen darzu gehörigen Königreichen und Landschaften etc. Amsterdam 1670, pp. 653—655. Karte: *Africae accurata Tabula ex officina Jacobum Meursium.*

[2]) Dapper, Umbständliche und Eigentliche Beschreibung, p. 654: „Dieser Fluss *(Haoax)* entspringet aus den weitstreckenden Bergen, die auf den gantzen Abissinischen Landschaften *Xaoa* und *Ogge* liegen, und leuft, nachdem er den Fluss *Mach* in seinem Busen empfangen, nach dem Morgen zu in das Königreich *Adel*, da er desselben Haupt-

Die Merkwürdigkeiten der Städte *Zeila* und *Barbara* werden von dem Verfasser gleichfalls eingehend geschildert.

Ob Dapper sich nähere Daten über *Adel* zu verschaffen gewusst, als dies anderen Geographen seiner Zeit möglich gewesen, lässt sich nicht beurtheilen. So viel ist gewiss, dass er mit seinem *Ara* Harâr gemeint, wie dies ganz offenbar die richtige Angabe der geographischen Breite bezeugt. Zu bedauern ist, dass der belesene Mann nicht selbst eine Karte von Afrika nach den vielen geographischen Daten, die ihm zur Verfügung gestanden, angefertigt hat, sondern sich damit begnügte, in einer bestrenommirten Kartenfabrik eine Karte für seine Darstellung der afrikanischen Verhältnisse anfertigen zu lassen, die dann mit seinem Texte nicht übereinstimmte und keineswegs, wenigstens was das Osthorn Afrika's betrifft, einen Fortschritt im Verhältniss zu demselben aufweist.

Das grösste Verdienst um die Verbreitung der Kenntniss von Abessinien in Deutschland und wol in ganz Mitteleuropa, hatte der Gelehrte Job Ludolf. In seinen zahlreichen Werken historischen und sprachlichen Inhalts sind auch manche geographische Daten enthalten, die sich auf die südöstlichen Nachbarländer Abessiniens beziehen. Der Verfasser hat sie freilich niemals zu einem einheitlichen Bilde zusammengefasst, sondern beschränkt sich darauf, sie gelegentlich einzustreuen. Der Kritik des gelehrten Mannes kann man auch in geographischen Dingen volle Berechtigung zugestehen, weil Ludolf in Rom in der Lage war, aus dem Munde von Abessiniern Nachrichten über ihr Land und dessen Geschichte zu sammeln. Ludolf plaidirt für den Gebrauch des Namens *Adela*, anstatt *Adel* oder *Adelum* [1]) und berichtigt die vom Patriarchen Mendez aufgestellte Ansicht mehrerer seiner Zeitgenossen, wonach der Name *Habassia* von einer Stadt Adel's, *Abaxa*, herzuleiten wäre.[2]) Den Kern des geographischen Wissens über *Adel* bilden natürlich bei Ludolf die von den Portugiesen in Abessinien geschöpften Daten. Ueber Umfang, Grenzen, natürliche Beschaffenheit, Eintheilung des Reiches *Adel*, spricht sich Ludolf an keiner Stelle umfassender aus. Die merkwürdige Eigenschaft des *Hawasch*, im Sande

---

stadt *Arrika Gurrele* vorbeyströhmet. Man saget, dass er ebenso Wasserreich sey, als der Niel; aber er ist bei weytem so lang nicht, weil er sich nicht über 6000 Schritte erstrecket. Ja er erreichet nicht einmal die See, wie Wasserreich er auch immermehr ist; sondern wird von dem dürstigen Lande, eh er so weit kommet, gantz und gar eingetrunken."

[1]) *Jobi Ludolfi ad suam historiam ante hac editam commentarius*. Francofurti ad M. 1691, p. 86.

[2]) Ludolf's *Commentarius*, p. 52. Ludolf sagt: „*Nec nomen istud mihi alias in regni illius historia occurrit*".

zu verrinnen *(arena se totum obscondit)*, rühmt er auch an dem *Mareb* in Tigrié.[1]) Der *Zabaeus* entspringe in *Enarea*, fliesse nach Süden und soll in den Ocean münden. Die südwestlichen Nachbarländer Adel's hält Ludolf für undurchpassirbar für Reisende.[2]) An der Spitze des Reiches Adel stehe ein Imâm, *nemini subiectus*, wie der Verfasser hinzufügt. Rings umgeben diesen Fürsten lauter feindliche Nachbarn, so dass er stets auf seiner Hut sein muss. Der Imâm residire zu *Auca*, welche Stadt 10—12 Tagereisen von der Küste entfernt ist.[3]) Der Handelsverkehr zwischen Adel und Abessinien (die Kämpfe ruhten eben, als Ludolf seine Werke schrieb) sei ein sehr schwieriger, weil die Carawanen von einem Gallastamme, den *Ambersi*, welcher die Grenzen beider Staaten umlagere, belästigt und häufig ausgeplündert werden.[4])

Die von den Portugiesen nach dem Abendlande gebrachte, in ihren und in den Werken der gelehrten Compilatoren verbreitete Kunde von dem grossen Reiche *Adel* oder *Adela*, erhielt sich bis ins 19. Jahrhundert. Das Reich *Adel* trat übrigens seine Rolle an Harâr ab und zwar, wie es scheint zu einer Zeit, als die Kämpfe mit den Abessiniern gänzlich aufgehört hatten und die Gallas weit nach Norden vorgerückt waren. Adel's einstige Grösse ist nicht wieder zu erkennen in dem kleinen Sultanate an den Ufern des *Asal*-Sees. *Auça* ist noch immer die Residenz eines kleinen Souveräns, der sich in jüngster Zeit alle Mühe giebt, den Verkehr Schoa's mit der Küste, den die Italiener zu heben trachten, zu befördern.

Zur Uebersicht der historischen Vorgänge in Abessinien und den Ländern der Adâl zur Zeit der Gründung und Blüthe des Reiches von *Adel* oder *Zeila* und der Gründung von *Harâr*, möge hier eine kleine Tabelle Platz finden, die ich aus Maqrîzî, den Daten der Portugiesen, Ludolf, Salt, Bruce, Haggenmacher und der kleinen Skizze

---

[1]) Ludolf's *Historia Aethiopica sive brevis et succincta descriptio regni Habessinorum, quod vulgo male Presbyteris Johannis vocatur.* Francofurti a. M. 1681, lib. I, cap. 1—8.

[2]) Ludolf's *Historia Aethiopica*, lib. IV, c. 6. Die Reise des Feçuregzie und des Antonio Fernandez von Abessinien südöstlich zum Ocean, war misslungen. Ludolf bemerkt hiezu: „*Si denique Legatus Neguçi cuius aliqua inter vicinas gentes veneratio est, auctoritate et litteris Regiis munitus cum P. Antonio Fernandezio ex mediterraneis ad littora Oceani permeare nequivit, quis speraverit aliquem e littore Oceani ad interiora per infestas gentes penetrare posse?*"

[3]) Ludolf's *Commentarius*, lib. I, p. 9, XXIX.

[4]) *Jobi Ludolfi relatio nova de hodierno Habessiniae statu ex India nuper allata.* Francofurti a. M. 1693, p. 29, IX. Dann vgl. *Historia Aethiopica*, lib. I, c. 16.

Muhammed Moktar's *(Bulletin de la Société Khédiviale de géographie.* Cairo 1876, pp. 389 ff.) zusammenzustellen vermocht. Zu einer kritischen Prüfung der erlangten Daten der Geschichte von Harâr fehlen bislang leider alle Anhaltspunkte.

Burton vermuthet[1]), dass die Araber bereits im 7. Jahrhundert n. Chr. Harâr gegründet hätten, als sie nämlich in den östlichen Vorlanden von Abessinien den Islâm verbreiteten. Zu seiner Staatenbildung mag es aber damals schon keineswegs gekommen sein. Eine kritische Beleuchtung der muhammedanischen Staatengründung in Nordost-Afrika von competenter historischer Seite ist leider noch ein Desideratum. Es hat den Anschein, als habe sich in dem Tieflande von Adâl zuerst ein Staatswesen entwickelt, dessen Schwerpunkt in einer Capitale an der Küste gelegen war. Zu Anfang des 16. Jahrhunderts erhob sich ein neues Staatswesen mit der Hauptstadt Harâr im Binnenlande. Als Mafûdi, Gragne und Nûr die Hauptrolle gespielt, lag der Schwerpunkt des Adelensischen Reiches am Aussa-See. *Aussa-Gurelle* sank aber langsam hinab, während sich *Harâr* in der Folgezeit immer mehr hob. Um die Mitte des 17. Jahrhunderts n. Chr. ist *Harâr* bereits eine mächtige Centrale, während *Aussa* alle Bedeutung verloren hat. Dies in wenigen Worten vermuthlich der Gang der Geschichte in den östlichen Grenzländern Abessiniens, den die nachfolgende Tabelle näher illustriren mag. Burton und Johnston *(Travels in Southern Abyssinia.* London 1844, 2. Band, p. 362) sprechen von auf die Geschichte von *Harâr* bezüglichen im Besitz des Emîr's seinerzeit befindlichen Büchern und Karten, deren Werth für die Landesgeschichte ein hoher sein dürfte, wenn sie nicht mit den bereits vom Major Moktar benutzten identisch sind.

Abessinien.

1268—1283[2]) regierte Negus Negest Ikon Amlak.
1283—1312 **Igba Sion.**
1312—1342 **Amda Sion.** Beginn der Kämpfe mit Adel.

Länder der Adâl.

Um 1304 gelangt Tsabr ed-dîn Muhammed, Sprosse eines Kureischiten-Stammes, der sich zu Dschabarta, im Gebiete von Sela, niedergelassen, zur Herrschaft in einem kleinen dem Negus von Abessinien unterstehenden Gebiete.[3]) Sein Sohn, ʿAlî ben Tsabr ed-dîn, *„primus ab oboedientia Halio debita descivit, mox non consentientibus quidem sed refragantibus regionis incolis ad eam*

---
[1]) *First footsteps in East Africa,* p. 305
[2]) Bruce, *Travels,* II, pp. 4 ff.
[3]) Maqrîzî, *Historia* von Rinckh, pp. 17 ff.

Abessinien.		Länder der Adâl.
1342—1370 Saif Arad.		*rediit*". (Maqrîzî von Rinckh.) Auf ʿAlî folgte sein Sohn **Ahmed** in der Statthalterschaft von Aufât, dann erhielt sie wieder ʿAlî. Ahmed flüchtet zum Hati, an dessen Hofe er lebt, später von ʿAlî wieder restituirt, aber bald darauf in einem Aufstand getödtet wird. In Aufât bleibt sein Sohn **Haqq ed-dîn** zurück, der eine Rebellion gegen den Hati Saif Arad erregt, dessen Heere in die Flucht schlägt und auf allen Punkten Sieger bleibt. Er erbaut die Metropole *Vahal* und siedelt dort die Aufatenser an.[1]
1370—1380 Wedem Asferi. 1380—1409 David II.	Kriege mit Adel.	Ca. 1375 stirbt **Haqq ed-dîn**. Ca. 1375—1403 **Sâʿad ed-dîn**. Erweitert das Reich durch Eroberung vieler Städte, darunter *Zalla's (Zeila's?)*. Nach seinem Tode flüchten seine zehn Söhne nach Arabien. Der abessinische Kaiser errang vorübergehend Vortheile.
1409—1412 Theodor.		Ca. 1403—1422 **Tsabr ed-dîn ʿAlî**. Die Kämpfe dauern fort.
1412—1429 Isak.		Ca. 1422—1425 **Mantzûr ibn Sâʿad ed-dîn** und **Muhammed**, Brüder, wurden von Isak gefangen.
1429—1433 { Andreas I., dann Tecla Marjam.		
1433—1434 { Sarwe Yassûs, dann Amda Yassûs.		Ca. 1425—1432 **Dschamâl ed-dîn**. Vordringen der Adelenser bis Amhara. Nach der Ermordung Dschamâl ed-dîn's kam **Schab ed-dîn** zur Herrschaft.[2] Er führt die Muslim in Bali ein.
1434—1468 Zara Jakob. Italienische Händler und Künstler in Abessinien. Sendung einer Botschaft an das Concil in Florenz. 1468—1478 Beda Marjam. Krieg mit Adel.[3]		
1478—1495 Alexander. 1490 Pedro de Covilham erscheint in Abessinien.		Mafûdi, Anführer der Adelenser, unternimmt zahlreiche Einfälle auf abessinisches Gebiet.[4]

---

[1] Ludolf, *Commentarius*, p. 256, lib. II, c. 15, § 1 gibt nach Corsali (*Ramusio*, I, p. 176 ff., c. 27) als Grund der Kämpfe an: „*Quod rex quidam Habessinorum regno pulsus atque in rupem amharae detrusus exinde ad Adelenses profugerit, ductaque regis filia socero successerit Habessiniam ad se iure hereditatis pertinere contendens*". Maqrîzî führt diesen Grund nicht an.

[2] Ende von Maqrîzî's Darstellung p. 41.

[3] Bruce, *Travels*, II, p. 82.

[4] Corsali bei *Ramusio*, cap. 27. Ludolf, *Commentarius*, p. 256.

— 41 —

Abessinien.	Adâl.	Harâr.
1495—1508 **Naod.** 1508—1540 **David III.** Matthaeus wird nach Portugal geschickt. 1517 Zerstörung von Sela durch die Portugiesen.[1]) 1520. Eine portugiesische Flotte erscheint im rothen Meere. Lima, Alvarez und Bermudez kommen nach Abessinien. 1535 Gesandtschaft unter Bermudez.	1526—1544 **Gragne** bekämpft die Abessinier und Portugiesen.	Ca. 1520 siedeln sich Gorad Ajûb und Abû Bekr in Harâr an. Ca. 1527 stirbt Ajûb, ihm folgt Ahmed, der bis 1543 regierte.[2]) Ahmed nennt Haggenmacher[3]) einen König von Adâl, der sich in den Besitz Adâls gesetzt habe.
1540—1559 **Claudius.** 1541 langt Cristoforo da Gama mit seinen Truppen in Abessinien an.[4]) 1542, 28. August, Gama ermordet. 1559—1563 **Menas.** 1563—1595 **Sertza Denghel.** 1595—1604 **Za Denghel.** 1604—1605 **Jakob.** 1604 Paez kommt nach Abessinien. 1605—1632 **Susneus.** 1624 Mendez in Abessinien.	1544 Februar fällt Gragne. Seine Rolle übernimmt Nûr, der die Abessinier nochmals besiegt und im März 1559 den Kaiser Claudius tödtet. Der Schwerpunkt des Reiches scheint nach dem aufblühenden Harâr naturgemäss verlegt worden zu sein.	Nach zehnjährigem Intervall erlangt die Herrschaft Emir Nûr von Adâl und behält sie bis ca. 1568. Nûr soll nach Burton[5]) ein Bruder Gragne's sein und dessen Witwe Talwambara geheiratet haben. Haggenmacher nennt ihn einen Sohn Ahmed's und bezeichnet ihn als den Schöpfer von Harâr's Grösse.[6])

Harâr.

Seit Nûr's ca. 1568 erfolgtem Tode fehlen für einen Zeitraum von ca. 80 Jahren alle Daten der Geschichte von Harâr.[7])

1632—1665 **Basilidas.** Die Jesuiten werden aus Abessinien vertrieben.

ca. 1647—1663 regierte ʿAlî ibn Dawûd.

---

[1]) Corsali bei *Ramusio*, I, p. 187 ff.:. *Come Zeila città fu da Portughesi desolata dal fuoco dell' isola detta Barbara.*

[2]) Muhammed Moktar, *Aperçu historique sur les souverains qui ont gouverné Harrar, et sur les habitudes du dernier Emir* im *Bulletin de la Soc. Khéd. de Géogr.* 1876, p. 389. Das *Bulletin de l'état major général de l'armée égyptienne*, No. 1, 3. année, vom 5. Sept. 1876, enthält ein *Resumé de l'histoire de Harrar depuis les temps les plus reculés jusqu'à nos jours*, war mir aber leider nicht zugänglich.

[3]) Ergänzungsheft No. 47 zu Petermann's Mittheilungen, p. 44.

[4]) Ludolf, *Historia Aethiopica* lib. II, c. 15 und *Commentarius* lib. III, cap. 15.

[5]) Vgl. Burton, *First footsteps in East Africa*, pp. 306—321.

[6]) Ergänzungsheft zu Petermann's Mittheilungen, No. 47, p. 44.

[7]) Es unterliegt keinem Zweifel, dass, wenn einmal die Annalen von *Harâr*, welche Burton und Moktar in den Moscheen Harâr's gesehen, der letztere zum Theile nach Aegypten gebracht hat, werden geprüft worden sein, sich die Lücken in der Geschichte Harâr's und Adâl's werden ausfüllen lassen. Haggenmacher a. a. O. nennt Emir Sabr und ʿAlî aus Hedschâs als Nachfolger Nûr's.

Abessinien.	Harâr.
1665—1680 Johannes I.	Ca. 1663—1671 Hakim.
1680—1704 Yassûs. Poncet in Abessinien.	„ 1671—1693 'Abdu'llâh.
1704—1706 Tecla Haimanot.¹)	„ 1693—1704 Talha.
	„ 1704—1715 Abû Bekr.²)

¹) Welchen Umfang das Reich der Kaiser von Abessinien, zur Zeit des Erscheinens der Portugiesen im rothen Meere gehabt, mag vielleicht der Titel des Negus David III. beweisen, wie ihn Damianus a Goës *(Fides, religio, moresque Aethiopum.* Colon. Agr. 1602, p. 173) überliefert. David sendet ein Schreiben an Emanuel, König von Portugal und leitet es mit den Worten ein:

Has litteras mittit tibi Atani Tinghil, id est thus virginis, quod nomen est ab baptismate, nunc vero in ipso suscepti regni initio assumpsit nomen David, dilectus a Deo, columna fidei, cognatus stirpis Judae, filius David, filius Salomonis, filius columnae Syon, filius seminis Jacob, filius manus Mariae, filius Nau per carnem, Imperator magnae et altae Aethiopae (der Hauptitel lautete: *Neguça nagaste za Itjopja*, vgl. Ludolf, *Historia Aethiopica*, lib. II, c. 1), *magnorum regnorum et ditionum et terrarum, Rex de Xoa, de Caffate, de Fatigar, de Angote, de Baaru, de Baaliganze, de Adea, de Vangue, de Goiame, ubi Nilus oritur, de Damaraa, de Vaguemedri, de Ambeaa, de Vagne, de Tigri Mahon, de Sabaym, unde fuit regina Saba, de Barnagaes et Dominus usque ad Nobiam, finem Aegypti.*

²) Vom Jahre der Hedschra 1057 bis 1272 also ca. 1647—1876 lässt sich die Geschichte, resp. Emîr-Reihe, von Harâr in continuo verfolgen.

V.
Die Kartographen von Mercator bis auf D'Anville.

Von Kartographie, die auf wissenschaftlicher Grundlage beruhte, ist in der Erdkunde erst seit Gerhard Kremer die Rede. Mercator schuf durch Einführung der Projetion die Basis für Kartenbilder, aber auch die Kritik, sowol des vorhandenen geographischen Stoffes, als auch des Materials, welches kühne Seefahrer unablässig aufhäuften, wurde eine geläuterte. Afrika, dessen Küstenränder in ihrer ganzen Erstreckung eben näher bekannt geworden waren, bildete für die kartographische Darstellung ein reiches Feld.

Auf der Duysburger Karte vom Jahre 1569 hat Mercator das Osthorn Afrika's kräftig zum Ausdruck gebracht. Vom Westen nach Osten durchziehen dasselbe, von *Meroë*, beginnend zusammenhängende Bergketten bis zum *C. de Gardafu*, gegen Norden und Südwesten an die Küste Aeste entsendend. Der *Astaboras* entströmt diesem Gebirge gegen Westen, ein *Mantra* benannter Fluss gegen Osten, der letztere bei *Asum* mündend. Den nördlichen Theil der Somâlhalbinsel bildet das Reich *Adel*. An der Küste des Territoriums liegen die drei Häfen *Zeila*, *Barbora* und *Mette*. Die Bezeichnung *Malor* für einen Landstrich ist wol' nur durch ungenaue Abschrift von Vorlagen auf die Karte gekommen. Der Name ist offenbar aus dem alten *Μαλαώ* verdorben. *Doara* (das abessinische *Dawaro* der Portugiesen) an der Ostküste nahe dem östlichen Vorgebirge des Continents, ist durch einen Fehlgriff an diese Stelle gekommen, ebenso *Mombeza* in die Mitte des Landes *Adel*. Die wenigen topographischen Irrthümer treten in den Hintergrund, wenn man erwägt, dass die Grössenverhältnisse der Somâlhalbinsel in einem Maassstabe wiedergegeben sind, der sich der Richtigkeit nähert, und wenn man bedenkt, wie schlimm es mit den Vorarbeiten gerade für diese Partie des afrikanischen Continents bei den Vorgängern Mercator's gestanden.

Ein, was Reichhaltigkeit der Topographie anbelangt, ungleich besseres Bild des Osthorns von Afrika findet sich auf der posthumen

Duysburger Karte vom Jahre 1595.[1]) *Adel* hat denselben Platz im Concerte der Landschaften, wie auf der Karte vom Jahre 1569. *Zeila*, *Barba* und *Meite* (natürlich *Mette*) finden sich verzeichnet. An dem Südostabhang des vom Aequator gegen das *Cap de Gardafu* streichenden Bergrückens entspringt in der Landschaft *Fatigar* ein Strom, der in Nordost-Richtung fliessend, einen See durchströmt und in einen zweiten kleineren mündet. Dieser Fluss ist ohne Zweifel der Hawasch, wenn auch der Name auf der Karte nicht angegeben ist. Ja man ist versucht, die beiden Seebecken der Karte als den See von *Aussa* und jenen von *Abhebad* anzusehen, welche die Wässer der Adâl-Länder sammeln, oder gar wegen der Nähe der Seeküste, an welche der östliche See in nordöstlicher Richtung vom ersteren hart herangerückt ist, an den Asal-See zu denken. Ein Fluss *Zabe* strömt in die Regionen südlich vom Aequator nach einem Lande *Gorage*. Der *Godscheb* oder *Zebi*, dessen Unterlauf noch unbenannt ist, ist in diesem Flusse leicht zu erkennen, ebenso in *Gorage* das *Gurâgwe* unserer Karten.

Adea findet sich an der Ostküste der Somâlhalbinsel. Aus all dem Gesagten ergiebt sich der Schluss auf eine sorgfältige Benutzung der Daten des Fra Mauro und der Portugiesen durch Mercator, und ausserdem wegen des Vorhandenseins von zwei Seebecken, welche die gegenwärtig noch vorhandenen Quellen nicht enthalten, auf eine Verwerthung von wahrscheinlich mündlichen Nachrichten über die geographischen Verhältnisse Ostafrika's.

Unter den zahlreichen Karten, welche den genialen Arbeiten Mercator's ihr Dasein verdankten und in vielen Auflagen verbreitet wurden, ist das Afrikabild aus dem *Appendix novi Atlantis* von G. Mercator und J. Hond[2]), wegen eines auffälligen Fehlgriffs von Interesse. Die Uebersichtskarte des Osthorns von Afrika enthält ein Land *Dangali* (das Reich der Danákil), einen Strom an der Nordküste, den einzigen Hafen *Mette* an derselben Küste, andere drei: *Asum*, *Cumare* und *Fustenugabe* an der Südostküste, südlich vom *C. de Gardafuy* und die Landschaft *Doara* an Stelle des Mercatorischen Adel. Ob man ein anonymes Flüsschen mit Südost-Curs, das einen kleinen See durchströmt und nahe dem Aequator in den Ocean mündet, für den Hawasch zu halten hat, bleibt dahingestellt. In den Anmerkungen zu *Aethiopia inferior* wird erwähnt, dass *Ajana* vom Flusse *Quilimanci*

---

[1]) Im: *Atlas sive cosmographicae meditationes de fabrica mundi et fabricati figura*, betitelt: *Africa ex magna orbis terrae descriptione Gerardi Mercatoris desumpta. Studio et Industria Gerardi Mercatoris Junioris.*

[2]) Amsterdam 1637.

bis zur Einmündung des rothen Meeres in den Ocean sich erstrecke und zwei Reiche *Del* und *Ade* umfasse, „*Del ab angustiis maris rubri usque ad caput Guardafu dictum, pars Africae orientalior, Ptolemaeo Aromata dictum*". Seine vorzüglichsten Städte seien *Zeyla* und *Barbora*. Von *Ade* geschieht weiter keine Erwähnung, sondern der Text besagt weiter: „*In littore versus austrum situm est regnum Magadoxo ita a metropoli vocitatum* etc." Wegen des Fehlens jeglicher Angabe über das Reich *Ade*[1], glaube ich, müsse eher an eine Distraction des Namens *Adel*, als vielleicht an *Adea* gedacht werden, welchem der Geograph keinen Platz anweist.

Als den besten kartographischen Entwurf von Abessinien nach den Angaben der portugiesischen Reisenden und der geistlichen Missionare, glaube ich die grosse Karte des Jesuiten Franciscus Eschinardus halten zu sollen.[2] Leider enthält dieser schöne Kartenentwurf über die südöstlichen Grenzlande von *Habesch* nur äusserst spärliche Daten. Der *Hoaaxe* entspringt nördlich vom *Zoai*-See, von welchem er im *Machi* einen Zufluss erhält, und wendet sich gegen Südosten nach dem muhammedanischen Reiche Adel. Als „*urbs primaria regni Adel sive Zeilan ita dicti a portu Zeilan*" erscheint *Auca Gurrele*.

Das Afrikabild auf dem Erdglobus, welcher in der Stadtbibliothek zu Lyon aufbewahrt wird[3] und aus dem Jahre 1700 stammt, zeichnet sich durch besondere Reichhaltigkeit aus, und man war eine Zeit hindurch geneigt, anzunehmen, dasselbe enthalte Resultate von Forschungen geistlicher Sendboten, deren Thätigkeit bei Männern der Wissenschaft wenig bekannt geworden sei. Was das Osthorn Afrika's auf dieser Afrikakarte betrifft, so lässt sich nur constatiren, dass diese Karte nicht nur keinen Fortschritt, sondern eher einen Rückschritt in der kartographischen Darstellung der Kenntniss dieses Gebietes am Ende des 17. Jahrhunderts enthalte. Als Vorbild diente den Verfertigern ohne Zweifel die Karte aus Dapper's afrikanischem Compendium. Das Osthorn Afrika's ist durch die Verzeichnung einer Rieseninsel, *Isle de Moa*, welche der Nordküste vorgelagert ist, verunstaltet. Gerade die Abgrenzung in politischer Hinsicht, deren Reichhaltigkeit und Genauigkeit man an der Karte rühmt, ist, was Ost-Afrika betrifft, sehr dürftig. Die abgegrenzten Räume haben keine

---

[1] Der Wortlaut ist: *Duo ambitu suo amplectitur* (nämlich *Ajania*) *regna, Del et Ade. Del ab angustiis* etc.

[2] *Imperii Abassini tabula geographica ex oculatis relationibus patrum Societatis Jesu aliorumque inter se comparatis* etc. In dem *Récueil de divers voyages* etc. Paris 1674 enthalten.

[3] Ich danke eine von der *Société de géographie de Lyon* edirte Copie der Karte der Buchhandlung Herz in Lyon.

Namen. Man kann in der That hierbei nur an eine willkürliche Abgrenzung durch farbige Striche denken. Berge und Flüsse fehlen fast ganz. *Adel* erscheint auf der Karte nur als eine Stadt, ebenso *Doara* und zwar südlich von einer Hügelreihe, welche von Westen nach Osten zum *C. Guadarfui* sich hinzieht. Sela fehlt ganz; dagegen finden sich *Barmora, Meta, Comisara, Soala* und *Dantura* als Städte angegeben. *Barmora* steht für Berbera. *Soata* verdankt seinen Ursprung der Verunstaltung des auf älteren Documenten angeführten Flusses *Soal*. Ein zweite Stadt *Adel* im Südwesten des ersteren Adel liegt an einem Flüsschen, das zu einem See, welcher gegen *Magadoro* an den Ocean einen Arm entsendet, hinabeilt. Aus diesen wenigen Andeutungen wird schon klar, dass man es in der Lyoner Afrika-Karte mit einem Documente zu thun hat, voll der gröbsten Missverständnisse, das seinen Ursprung einer flüchtigen Copirung einiger weniger älteren Karten dankt.

Auf älteren Entwürfen, namentlich auf dem in Waldseemüller's Strassburger Ptolemaeus, dann auf den Kartenentwürfen Mercator's basiren die Afrikabilder des Nürnberger Kartographen J. B. Homann.[1]) Das Osthorn Afrika's ist auf dem vollkommensten derselben stark comprimirt, die Nordküste reich gegliedert. Zwei Berggruppen füllen das Terrain, ohne mit einander im Zusammenhang zu stehen. Zahlreiche Flussläufe rinnen von den Bergen nach Norden und Süden ab, so ein *Babelmandel flumen, Zeila fl., Adel fl.,* ein *Magadoxo* und *Barrama fl.* und eine ganze Reihe anderer unbenannter Gewässer. Das *Adel regnum* mit der Hauptstadt *Adel* breitet sich am Nordabhang der westlichen Berggruppe aus und zählt vom Westen gegen Osten folgende Städte: *Zeila, Pidora, Barbora, Meta, Salira, Dardura* an der Küste, dann *Soceli, Comizara, Novecara* und *Ara* im Binnenlande. Gegen das *Abissiniae imperium* grenzt Adel an die *Costade Abex*, das *Dangalum regnum* an das *Regnum fatigarae*, im Süden an *Magadoxo*. Von einer auch nur flüchtigen Benutzung der portugiesischen Reiseberichte ist nichts zu entdecken.

Einen grossen Fortschritt nicht nur gegen alle Karten des 16. und 17. Jahrhunderts, sondern auch gegen gleichzeitige Entwürfe aller Anstalten in Europa, wiesen die Producte der französischen Kartographen De l'Isle und D'Anville auf. Diese Männer griffen bei der Herstellung ihrer Afrikabilder nicht nur nach den Originalberichten der Reisenden, sondern sie machten energisch Front gegen alle Autori-

---

[1]) Vgl. *Totius Africae nova representatio qua praeter diversos in ea Status et Regiones etiam Origo Nili ex veris R.R. P.P. Missionariorum Relationibus ostendtiur a. Jo. Baptista Homanno.* Norimbergae 1737.

täten auf kartographischem Gebiet und namentlich auch gegen das Vorurtheil und die Irrthümer, die sie einmal als solche erkannt, von denen sich aber selbst Mercator und seine Nachfolger nicht gänzlich freizuhalten vermocht hatten. Ihre Wirksamkeit bildet einen grossartigen Wendepunkt in der afrikanischen Kartographie.

Guillaume de l'Isle schuf auf einem Afrikabild aus dem Jahre 1730[1]) einen neuen Typus für die Darstellung der geographischen Verhältnisse des Osthorns von Afrika, welcher, was Längen- und Breitenverhältnisse betrifft, mit grosser Richtigkeit ausgedrückt ist. Vage Angaben über die Vertheilung von Gebirgen und Flüssen sind vermindert. Am *Cap Gardafu* erscheint noch der *M. Felles*. Ein dem *Haouache* parallel laufender Strom, der *Hanazo* des Tellez, mündet in den *Port de Zeila*. Diesem benachbart, doch an Grösse und Stromentwickelung zurückstehend, ist der *Soal fl.* und der *Rio da Pedra*, die an der Nordküste in den Ocean fallen. Der *Haouache* selbst, aus zwei Armen, deren südlicher, der *Malchi*, einem See entströmt, gebildet, durchströmt die Somâlhalbinsel von Westen nach Osten und theilt sich, ohne den Ocean zu erreichen, in viele kleine Arme, die im Sande versiegen. Kurz vor der Theilung des Flusses in die kleinen Arme, verzeichnet de l'Isle eine Linie, die bei *Barbora* den Ocean trifft, als „*vieille embouchure de l'Haouache*". Gegen Süden eilen von den Bergen Ost-Abessiniens eine *R. de Magadoxo, nommé par les Arabes le Nil de Mocadessou*, eine *R. de Job*, offenbar der *Juba* und dann die *R. de Zebée*, „*selon quelqueuns*", wie De l'Isle skeptisch hinzufügt, aus dem Reiche Gingiro kommend und in einem Delta am Aequator ausmündend. Das Stromgebiet des *Haouache* ist das „*Royaume d'Adel ou de Zeila*", nach der Ansicht des Kartographen, das ganze gewaltige Osthorn Afrika's. Im Westen grenzt dieser Staat an das *Royaume Dancali*, dessen Capitale Baylûr die nordwestlichste Grenzstadt bildet. Das Reich *Davaro, Bali (autrefois soumis au Roi d'Ethiopie), Fatigar* und ein *Royaume des Gallas*, grenzen im Süden an das Reich von Magadoxo, im Norden und Osten an den Ocean. Die Ostküste begleitet bis ziemlich tief in das Binnenland hinein ein ödes Gebiet, „*côte deserte*", wie De l'Isle schreibt, „*où il y a quantité de troupeaux, qui est presque la seule chose qu'on y trouve*". Hauptstadt von Adel ist *Auçagurele* auf einem Berge mitten in dem Geäste des *Haouache* erbauet. Im südlichen Theile des Reiches Adel verzeichnet De l'Isle Gehöfte der *Bedouins Emosaides*. Andere Andeutungen über die Bewohner des Reiches oder die Beschaffenheit des Landes finden sich nirgends ver-

---

[1]) *Atlas nouveau contenant toutes les parties du monde.* Amsterdam 1730.

zeichnet, während von einem Galla-Volke, *Machidas*, das die an Adel im Südwesten grenzende kleine Landschaft Gumar bewohnt, erwähnt ist sie seien eine „*nation puissante dont le roi descend des Rois d'Ethiopie avec la quelle elle est toujour en guerre*". Auch wird erwähnt, dass die Machidas Muhammedaner seien. Von den Häfen der Nordküste sind *Zeila* (der Kartograph weist ihm die Lage des heutigen Tadschura an), *Barbora* und *Metta* verzeichnet.

Ein noch genaueres und reichhaltigeres Bild der geographischen Verhältnisse der Somâlhalbinsel enthält die vortreffliche Afrikakarte Bourgignon D'Anville's.[1]) Vor Allem ist die Richtigkeit der geographischen Längen und Breiten an dem Kartenentwurfe zu rühmen, ferner die genaue Angabe der geographischen Lage von *Zeila* und *Barbora*. *Tajioura* findet sich verzeichnet an der *Baye de Zeila;* der *Hanazo*-Fluss mündet in dieselbe ein. Der *Hawash*, welcher mit einem Quellfluss dem *Zowaie*-See entströmt, erhielt eine Richtung, die, wenngleich nicht richtig, von der Flussbettrichtung, die dem Flusse De l'Isle gegeben, sich durch gewisse Annäherung an die Richtigkeit auszeichnet. Der merkwürdige Fluss endigt auch bei D'Anville im Sande sich verlierend, und es hat der Geograph nur schüchtern angedeutet, der Fluss habe vielleicht einst seine Wässer mit denen des Oceans vermischt. Neben anderen kleineren, zum grossen Theile unbenannten Stromläufen interessirt daraus der aus dem *Royaume de Zendero* an der Südost-Grenze Adel's kommende *Zebée*, von dessen Richtung und Mündung D'Anville sagt: „*Le cours de cette Rivière est ignoré et on ne peut déterminer si c'est Chuilimanci ou celle de Paté, sur la côte de Zanguebar*". Das *Royaume d'Adel* gilt D'Anville als: „*formé par un prince Mohamétan au commencement du XVI. siècle*". Die Hauptstadt des Reiches ist *Auça-gurel*, am rechten Ufer des *Hawash*, in einer Breite von 9°, die also jener von Harâr vollkommen entspricht. Ich halte dafür, der französische Kartograph habe die zu seiner Zeit schon blühende Hauptstadt Harâr mit dem überkommenen Namen *Auça-gurel* belegt und so eine nicht unglückliche Verquickung des Namens der niedergehenden alten Capitale Adel's mit der geographischen Position der erstehenden neuen Metropole herbeigeführt. Den Südrand Adel's begrenzen bei D'Anville, die *Machidas* De l'Isle's, „*dont le prince*", wie D'Anville sich ausdrückt, „*quoique Mohamétan se dit issu des Empereurs d'Abissinie*", ferner Galla-Völkerschaften, wie die *Maracatos Mohamétans, Cajases, Dades, Asbores, Arvisas, Bresomas*, die einem gewählten Oberhaupte, dem Lubo, unterstehen. Auch

---

[1]) *Afrique publiée sous les auspices de Monseigneur duc d'Orléans, prémier prince du sang. Par le Sr. D'Anville.* 1749.

— 49 —

die *Ommo-Zaide Bédouins* bilden einen Bestandtheil der Bevölkerung Adel's, an der bei D'Anville *Ajaen* genannten Südostgrenze des Reiches.

D'Anville's Afrikabild hat selbst in Frankreich die verdiente Würdigung nicht gefunden. Man glaubte vielfach zu Combinationen greifen zu sollen. So wies der französische Geograph J. B. Nolin auf seiner Afrikakarte vom Jahre 1754[1]) *Adel* die äusserste Stelle auf dem Osthorne Afrika's an und liess den *Hawasch* unter dem antiken Namen *Hoaxes* nur wenige Meilen vom *C. Guardafui* sich verlieren. An der Stelle, wo der Strom sein Ende nimmt, postirte er *Auca Gurelle*. Ueber *Adel* gab Nolin nichts weiter an, als dass es ein „*éstat plus considérable Mahométan*" sei. Kartographische Purificatoren haben am Ende des 18. und zu Anfang des 19. Jahrhunderts fast alle geographischen Daten aus dem Territorium der Adâl-Länder und Harâr's entfernt. Die meisten Karten aus dieser Zeit bieten weisse Flecken dort, wo bereits die portugiesischen Reisenden und Missionäre eine verhältnissmässig richtige Topographie einzutragen in der Lage waren.

---

[1]) *Afrique divisée en ses grandes Régions, et subdivisée en ses Grands Estats et moindres Régions et différens peuples, Dresée sur les Rélations les plus nouvelles, et conformée aux Observations Astronomiques, les plus récentes.* Paris 1754.

VI.
Neuere Reisende in Abessinien.

Das herrliche Alpenland Abessinien ward in neuerer Zeit von Forschungsreisenden oft aufgesucht und bereist; doch bot sich nur wenigen, die sich mit der Erforschung der Natur- und Bevölkerungsverhältnisse der afrikanischen Schweiz beschäftigten, die Gelegenheit, über das Machtbereich des Negus Negest hinaus gegen Osten und Südosten einen Blick zu thun nach den ausgedehnten Landschaften der Adâl, Galla und Somâl, oder doch wenigstens Erkundigungen über dieselben einzuziehen.

Die Epoche der neueren Reisen in Abessinien inaugurirt Charles Poncet's, vom Nil aus nach Habesch, in Ausübung des ärztlichen Berufes unternommene Tour (1698—1700). Leider scheint der wackere Mann über die südöstlichen Grenzlande Abessiniens nichts, oder doch nur sehr wenig Neues erfahren zu haben, denn er gibt[1]) von einschlägigen Daten ausschliesslich nur Nachricht von den Verwickelungen der Unterthanen des Negus Negest mit den Gallas, die wie ein Keil weit nach dem Nordwesten in Habesch vorgedrungen waren, so zwar, dass ihre eigene östliche, für Abessinien entferntere Nachbarschaft sich in den von Poncet bereisten Territorien kaum bemerkbar oder fühlbar machen konnte.

Durch die Schriften des gelehrten Job Ludolf angeeifert, hatte sich 1768 James Bruce nach Abessinien begeben. Diesem edlen Briten dankt die Wissenschaft von der Erde, wenn man so sagen darf, die Begründung der Kunde von Abessinien und seiner Geschichte. Von den südöstlichen Vorlanden von Habesch weiss indessen auch Bruce nur äusserst wenig und auch nur das, was er in den Büchern seiner Vorgänger gelesen. Die Südostgrenze von Abes-

---

[1]) Vgl. Poncet's Reisebericht in der *Scelta di lettere edifficanti*, Milano 1828. Band X, pp. 333 ff.

sinien bilden nach Bruce¹) zwei *Kingdoms*, eines „*of Mara*", das andere „*of Adel*", von denen er nur zu melden weiss, sie seien „*two of the most powerful kingdoms which lie on the Indian ocean*", die von den Herrschern von Arabien unterstützt würden. *Zeila's* Lage ist nur mit wenigen Worten angedeutet.²) Auf dem Karten-Entwurfe³) findet sich die von den Portugiesen ermittelte Topographie verwerthet. Zwei Gebirgszüge begleiten einer die Nord- der andere die Südost-Küste der Somâlhalbinsel und treffen bei dem *Cap Gardefan* zusammen. Sie schliessen das Land des aus dem *Zawaja-See* kommenden durch *Fatigar* nach *Adel* durchbrechenden *Hawash* ein. Das Stromgebiet des in einen See mündenden *Hanazo* oder *Andona* in den Provinzen Bali und Dawâro rechnet Bruce ganz zu Abessinien. An Ptolemaeos und Strabo klingt es an, wenn Bruce zu dem nördlichen Küstengebirge an einer Stelle von *Adel* bemerkt: „*from this to Cape Gardefan is the Myrrh and Incense Country*". Höchst eigenthümlich ist es, dass der Reisende, der in seiner abessinischen Kaisergeschichte so zahlreiche Daten über die Kriege Abessiniens mit *Adel* gibt⁴), über die geographischen Verhältnisse von *Adel* fast vollständig schweigt.

Die umfassendsten Daten hat während seines Aufenthalts in Abessinien und an den Küsten des rothen Meeres (1809 und 1810) Henry Salt über die Länder der *Adâl* und *Harâr* gewonnen. Nach seiner Darstellung und auf seiner Karte⁵) tritt uns nicht nur die annähernd richtige räumliche Ausdehnung, sondern auch die Gliederung und Aneinanderreihung der Landschaften im Osten von Abessinien klar vor das Auge. Salt berichtet⁶), er habe während seines Aufenthaltes zu Mokka in Arabien, einen Eingeborenen von *Harâr*, den Hâdschi Muhammed ʽAbd el qâdr, kennen gelernt und von diesem mannigfache Nachrichten über *Harâr* und seine Nachbarterritorien erfahren; durch diesen Mann habe er auch mit dem Sultân von *Harâr* Verbindungen angeknüpft, die allerdings ohne Resultate geblieben sind. Vor Allem constatirt Salt, dass es kein Reich *Adel* in dem Sinne der Kartographen und Geographen der früheren Jahrhunderte

---

¹) Bruce, of Kinnaird, James, *Travels to discover the source of the Nile in the years 1768—1773.* Edinburg und London 1790. II. Band, p. 13 und Karte im V. Bande.
²) Bruce, *Travels*, II, p. 129.
³) Bruce, *Travels*, V. Schluss.
⁴) Bruce, *Travels*, II, pp. 5, 115, 121 u. v. A. m.
⁵) Vgl. das Reisewerk: *A voyage to Abyssinia and Travels into the interior of that country, executed under the orders of british government in the years 1809 and 1810 &c.* London 1814. Angefügt ist dem Werke eine *Map of Abyssinia and the adjacent districts* ohne Massstab.
⁶) Salt, *Travels*, pp. 131 f.

mehr gebe. Das Gebiet, über welches es einst ausgebreitet war, zerfalle in kleine, unabhängige Fürstenthümer der *Galla* und *Somâl*. Salt liefert ferner eine richtige Vertheilung von Berg und Fluss. Dem *Hawasch* wies er unter dem Namen *Hawush* den richtigen Lauf und eine annähernd richtige geographische Lage an. Der Strom gelangt aus *Efat* und *Fatigar* in die Länder der *Adaiel* und hat, unter ca. 11° n. Br. und 42° östl. L. von Greenwich, eine seeartige Erweiterung, zu welcher der Forscher bemerkt: „*Here the river is lost in the Sands*". Diese seeartige Erweiterung hat an der Nord- und Ostseite Canäle, durch welche das Wasser zu den Hütten der Eingeborenen fliesst. Am Ostufer der Mündung des *Hawasch* liegt die Stadt *Houssa*. Auch der *Anazo* findet sich, längs des 12.° n. Br. strömend, verzeichnet vor; sein östlicher Lauf wird *Yasso* genannt. Das rechte Ufer des *Hanazo* begrenzen die Landschaften der *Adaiel* dann *Mara*, letzteres von zahlreichen abgesonderten Stämmen bewohnt, die eine der Sprache der *Adaiel* ähnliche Sprache reden. An das Gebiet der *Adaiel* grenzt im Süd-Westen jenes der *Alla's* in der Landschaft *Dawaro*, welche von zwölf Galla-Stämmen gebildet werden, ferner im Süd-Osten das der *Esa-Somâl*. Südlich von diesen beiden Territorien liegt das Fürstenthum *Hurrur* mit der gleichnamigen Hauptstadt, und östlich von diesem das Gebiet der *Gudabesa-*, nördlich das der *Essa-* und nordöstlich das der *Haberawul*-Somâl. Südlich von Hurrur breiten sich die *Abádo-*, *Aruse-* und *Babylie-Galla*, südöstlich die *Woghadin*-Somâl aus. Ein Flüsschen *Samti* (östlich von Hurrur) und ein zweites *Wacho*, im Lande der Gudabesa-Somâl entspringend, eilen gegen Süden.

Von besonderer Wichtigkeit waren die Karawanenrouten, welche Salt als von *Zeyla*, *Berbera* und *Ankobar* nach *Hurrur* führend in Erfahrung gebracht. Er gibt folgende Stationen derselben an:[1])

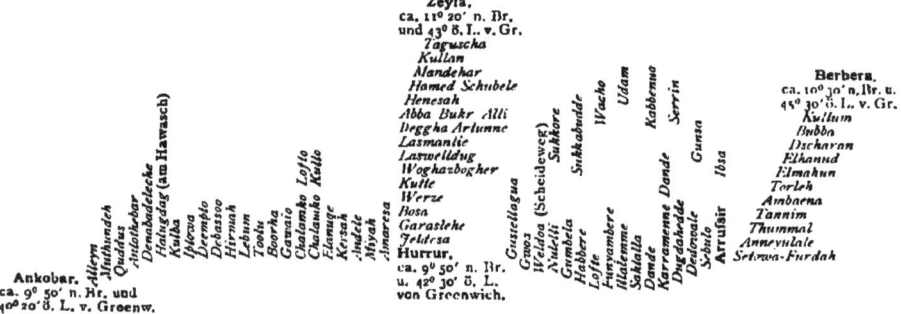

[1]) Die Nomenclatur ist die englische.

Südlich von Hurrur liegt nach Salt im Gebiete der Babilie-Galla eine grosse Stadt *Fadisch*, nordwestlich von Hurrur im Gebiete der Allas auf einem Berge *Hubetta*.

Als verdienstvolle Leistungen, die bei dieser Darstellung in Betracht kommen, kann mit vollem Rechte noch die Schilderung des Galla-Typus[1]), die *Churt of the Bay of Zeyla from geometrical observations by Rich. Stuart* (1810)[2]) und in den *Appendices*[3]) gegebenen Sprachproben gelten, besonders das *Vocabulary of the Hurrur and Southern Galla Dialects*, eine Sammlung von ungefähr 200 Vocabeln, welche Salt von dem Hádschi ʿAbd el qádr, vom Hádschi Belâl und anderen Eingeborenen in Erfahrung gebracht. Das Hurrur und das Adaiel liessen nach den 200 Worten allerdings noch keineswegs einen Schluss auf die Classification und den Bau der Sprache zu, allein sie sind dennoch als erste Sprachproben aus den Ländern der Adâl und aus Harâr ganz anerkennenswerth. An naturwissenschaftlichem Materiale hat Salt über die fraglichen Länder nichts zu ermitteln vermocht.

Nach Henry Salt's Rückkunft aus Abessinien und nach der Publication seines Reisewerks ergoss sich in der Zeit von 1820—1850 ein Schwall von Forschungsreisenden und Missionären in das Bergland am rothen Meere. Doch nur sehr wenigen gelang es, dürftige Nachrichten über die Länder der Adâl und Harâr heimzubringen. Aus der Menge der Forscher dürfen mit gewissem Rechte die Franzosen E. Combes, M. Tamisier und Antoine d'Abbadie hervorgehoben werden, weil sie wenigstens ein Interesse für die südöstlichen Grenzlande von Habesch bekundeten.

Die erstgenannten Beiden erkundigten sich auf ihrer Reise (Februar 1835 bis März 1837) wenigstens nach der Geschichte des ehemaligen Reiches *Adâl*[4]), dessen Hauptstadt *Houssa* an den Ufern des *Haouach* gelegen gewesen sei, und welche im Osten von dem Gebiete der *Somoulis*, im Süden vom *royaume de Hururgué*, im Südwesten von *Fategar*, *Dawaro* und *Bali*, im Westen vom Lande von *Mara*, „*qui était l'un de les plus considérables après celui d'Adal*" begrenzt gewesen sei. Alle diese Landschaften bewohnen Gallas, so die *Taltal*, *Mantilli*, *Dobas*, *Itu*, *Abado*, *Babilié* u. A. m. Von der Halbinsel von Zeyla angefangen, bis gegen Berbera hin und noch weiter gegen Osten, leben die *Somoulis*. Das Reich *Hururgué* schreiben die beiden Fran-

---

[1]) Salt, *Travels*, pp. 336 ff.
[2]) Salt, *Travels*, p. 476.
[3]) Salt, *Travels*, Appendix I, p. VI.
[4]) Vgl. *Voyage en Abyssinie, dans les pays des Gallas de Choa et d'Ifat. Par Ed. Combes et M. Tamisier*. Paris 1838, II. Bd., pp. 140 f.

zosen: „*a également conservé son indépendance et il est gouverné comme anciennement par un roi musulman, dont la court est, dit on, trèsbrillante*". Die von den Galla's noch nicht unterworfenen Stämme in den Landschaften von *Hururgué*, *Mara* und *Adâl* „*parlent*", heisst es, „*trois langues différentes: le somouli, le hururgué et l'ancien adal*".

Es ist leicht zu erkennen, dass sich Combes und Tamisier an die Darstellung der ethnographischen Verhältnisse der Salt'schen Karte halten, wie sie denn auch sein erkundetes Itinerar von *Zeyla* über *Harâr* nach *Choa* copirt zu haben scheinen.[1]) In einigen Punkten weicht es dennoch von dem Salt'schen ab, weshalb es hier Platz finden mag.[2])

Zeyla.
Kullan
Mandehar
Hamed Shuhéle
Henesah
Abba Purkr Ali
Degga Artune
Lasmantieh
Lasswelldug
Jigjeder
Wogatzhoger
Dellamenne
Kutte
Werse
Bosa
Jeldesah
Hururgué.

Ankober. *Hatugawa* *Kulba* *Iblova* *Dermto* *Dedanene* *Debassou* *Lebun* *Touru* *Bourha* *Gezaio* *Chalamko Lofta* *Chalamko Kuto* *Elanugge* *Kersa* *Andele* *Miyah* *Ammaresa*

Antoine d'Abbadie hatte sich zu Ende des Jahres 1840 und zu Beginn 1841 zu Mussawwa und Berbera mit dem Ausfragen der Eingeborenen über die geographischen Verhältnisse der Somâlhalbinsel beschäftigt und die Resultate seiner Bemühungen an die geographische Gesellschaft in Paris berichtet, welche dann der damalige Secretär D'Avezac zu einem *Essai sur la géographie du pays de Sçoumâl* vereinigte.[3]) D'Abbadie war es hauptsächlich darum zu thun, über den Oberlauf der Flüsse, die in der Aequatorialgegend von Ostafrika ausmünden, Gewisses zu erfahren. Er legte den Eingeborenen aus der Gegend vom Webi eine Reihe von Fragen vor und verzeichnete die Antworten; D'Avezac entwarf nach diesen eine Karte, welche die Resultate erläutern sollte.[4])

Der Forscher trachtete zunächst eine Anzahl bedeutendere Orte

---

[1]) Vgl. die dem Werke von Combes und Tamisier beigegebene *Carte de l'Abyssinie, du pays de Galla, de Choa et d'Ifat par Ms. Combes et Tamisier. Dessinée par A. Vuillemin*, 1838.

[2]) Die Nomenclatur ist die französische.

[3]) *Bulletin de la Société de Géographie de Paris*, 1842, pp. 81—113.

[4]) *Esquisse du pays de Sçoumâl à l'extrémité orientale de l'Afrique* etc.

in Erfahrung zu bringen und forschte dann nach den dieselben verbindenden Strassen und den Haltepunkten der Karawanen an den einzelnen Wegen. Von Zeyla südwestlich brachte er die Lage von *Ada'r* in der Landschaft *Hararguay* in Erfahrung. Von *Ada'r* führten vier Karawanenstrassen, eine nach *Ankober* (westlich), eine zweite (südöstlich) nach dem ca. 8° nördlicher Breite gelegenen Haltepunkte *Karanle*, von wo ein Arm gegen Westen nach dem am Längengrade von *Ada'r* gelegenen *Imiy* abzweigt, eine dritte (süd-östlich) über *Mölmil* nach *Thug* (8° nördlicher Breite) und zu dem ungefähr in der Mitte der Somâlhalbinsel gelegenen Hauptorte *Dollo*. Die vierte (nordöstlich) über *Babili, Börzou, Dschigdschiga, Danadare, Zaley* und *Dery* nach *Berbera*. In der Landschaft Harâr entspringen mehrere Flüsse, die sich südlich von derselben zu einem Flusse, dem *Safan*, vereinigen, einem Nebenflusse des *Webi gi Weyma* oder des grossen *Webi*. Der *Webi Gernana* (der kleinere Webi) entspringt zwischen Ada'r und Berbera und vereinigt sich erst unter 4° nördlicher Breite mit dem *Webi gi Weyma* und beide münden unter dem Namen *Faf* (am Unterlaufe *Dscheb* genannt) am Aequator in den indischen Ocean.

Harâr oder Ada'r (dieser Name werde von den Gallas, Somâlen und den Bürgern der Stadt gegeben) schilderte man D'Abbadie als grosse, wohlummauerte Stadt mit fünf Thoren, deren Gebäude aus Stein erbaut seien und deren Bewohner lebhaften Handel mit abessinischem Kaffee treiben. In sechs oder sieben Tagen erreiche man von dieser Stadt aus den schiffbaren Webi. Drei Tagereisen von Harâr liege eine grosse Stadt *Aniya*. Die Galla- und Somâlstämme erhalten verschiedene Namen: *Eysa* bei Zeyla, *Babili*, südöstlich von Harâr, *Ala*, westlich von dieser Stadt, *Aniyu*, südlich von derselben u. s. w. Der grösste Theil der Daten Antoine D'Abbadie's, welche das Stromsystem der Somâlhalbinsel betrafen, ist seither nur in sehr geringem Maasse berichtigt worden.

Ueber die Länder zwischen Tadschura und Schoa hat D'Abbadie gleichfalls verschiedene, minder wichtige, vorzüglich die Danâkil betreffende Daten geliefert.[1] Derselbe Forscher hat übrigens auch zwei Itinerare über die Strecke von Berbera nach Harâr erkundet und sie in einem Briefe an Jomard mitgetheilt.[2] Die Eingeborenen (er forschte über diesen Gegenstand ausschliesslich aus Harâr gebürtige aus) gaben auf dieser Strecke folgende Haltepunkte an: *Bulhar, Tanjera, Lamal, Iler Midar, Alelle, Dschigdschiga, Bâdi* und *Harâr*. Diese Strecke, erzählte man, könne in 10½ Tagen zurückgelegt werden. Der Gewährs-

---

[1] *Bulletin de la Société de Géographie de Paris*, 1841, pp. 275—283.
[2] *Bulletin de la Société de Géographie de Paris*, 1841, pp. 173—175.

mann, der D'Abbadie die vorstehenden Daten geliefert, fügte auch bei, der Herrscher von Harâr heisse A'bdi und residire zu *Ckotta* im Inneren des Landes. Da uns, nach dem gegenwärtigen Stande der Kenntniss von Harâr, nicht berichtet wird, dass die Fürsten von Harâr in neuester Zeit ihren Sitz gewechselt, sondern vielmehr von ihrer in dieser Beziehung immer grösser werdenden Beschränkung auf die Stadt Harâr selbst die Rede ist, so mag eine Verwechselung mit irgend einem Somâlhäuptling bei dem Gewährsmanne D'Abbadie's vorliegen.

Die geschilderten Erkundigungen über die Länder der Adâl und Harâr hatten den Vortheil für die Wissenschaft gehabt, dass man vor Allem zu der Erkenntniss kam, eine Bereisung der genannten Gebiete sei ausführbar, weil der Widerstand eines bedeutenden politischen Machthabers, wie es der König von Adel früher gewesen, nicht mehr zu fürchten war und man eine Reise durch das Gebiet kleiner, unabhängiger Fürsten leichter unternehmen zu können glaubte. Selbst das bedeutendste Reich Harâr wäre Salt zugänglich geworden, hätte er die Gewogenheit des commerciellen Agenten des Emîrs, mit dem er zu Mokka unterhandelte, benutzt und seine Schritte dahin gelenkt. Es scheint übrigens in der ersten Hälfte des laufenden Säculums eine viel regere Verkehrsthätigkeit der Adâl-Länder und Harâr's mit den Küstenstrichen am rothen Meere stattgefunden zu haben, als heutzutage. Auch A. von Katte erzählt [1]) von Kaufleuten (Gibertis), die von *Berbera* über *Harâr* nach *Schoa*, *Kaffa*, *Enarea* und *Dschindschiro* zu ziehen pflegten und wie natürlich, über die benutzten Handelsstrassen Aufschluss zu geben vermochten. Man besass also Itinerare und selbst Sprachproben aus den Landschaften der Adâl und aus Harâr, bevor man sie noch wirklich betreten hatte.

---

[1]) Katte, A. von, Reise in Abyssinien im Jahre 1836. Stuttgart und Tübingen 1838. Vorrede p. VII.

VII.
Forschungsreisende in den Adâl-Ländern und in Harâr.

Als erster Reisender, der die Länder der Adâl betreten, wird ein Franzose Mr. Dufey genannt.¹) Dieser ward im Jahre 1837 von dem französischen Generalconsul in Aegypten, Lesseps, mit Dr. Aubert nach Abessinien geschickt, um Verwickelungen völkerrechtlicher Natur auszugleichen. Die Gesandtschaft hatte ihren Zweck nicht erreicht und während sich Dr. Aubert im Februar 1838 über Adua nach Cairo begab, zog Dufey von Gondar nach Schoa und von hier durch die Adâl-Länder nach Tadschura. Welchen Weg der Reisende, der 1839 in Arabien verstarb, ohne eine Silbe über seine Reiseroute zurückgelassen zu haben, gegangen, ist unbekannt geblieben; ebenso hat die Wissenschaft von dieser Reise keinerlei Gewinn gehabt.

Im Jahre 1839 unternahm es der glaubenseifrige Missionär Dr. J. Levis Krapf mit seinem Collegen Carl Wilhelm Isenberg, nachdem den beiden die Ausübung der Missionsthätigkeit in Abessinien untersagt worden war, von Tadschura aus durch die Länder der Adâl nach Schoa vorzudringen. Am 27. April 1839 hatten die beiden die Küste verlassen und durchzogen das Land zunächst in südwestlicher Richtung bis zum Asal-See, wandten sich von diesem indirect südlicher, später in südwestlicher Richtung durch die Galla-Länder nach Melkukuju am Hawasch, welchen sie am 29. Mai erreichten, und trafen bald darauf am 2. Juni zu Ankober in Schoa ein. Das Resultat dieser Reise war zunächst eine Beschreibung der Tour durch das Adâl-Land²), namentlich der interessanten Partie um die Depression des Asal, reiche Daten über die Galla-Nation und die Danákil.³) Isenberg sam-

---

¹) Vgl. Isenberg, Abessinien und die evangelische Mission. Bonn 1844. I, p. 190 f.
²) Vgl. Krapf, J. L. Reisen in Ost-Afrika, ausgeführt in den Jahren 1837—1855. (2 Bde mit Karte. Kornthal und Stuttgart 1858.) I, pp. 45 ff. In der englischen unter dem Titel: *Travels researches, and missionary labours during an eighten years residence in Eastern Africa* zu London 1860 herausgegebenen Theilbearbeitung des Werkes fehlt die nähere Beschreibung der Reise durch das Adâl-Land, vgl. pp. 19 f.
³) Krapf, Reisen in Ost-Afrika, I, pp. 92 ff. und II, pp. 405 ff.

melte auf derselben Materiale zu seinem Wörterbuche der Dankali-Sprache und legte in der Einleitung zu diesem Werke seine ethnographischen Daten nieder.[1]) Auch über den Lauf des Hawasch und seine Beschaffenheit wurden von Krapf Aufschlüsse gegeben, keineswegs hat aber Krapf, wie sein Nachfolger auf der Reise nach Schoa, Rochet aus Héricourt, angab, die Quellen dieses Stromes entdeckt. Krapf's Aufenthalt und Forschungen in Schoa sind für die Kenntniss des äthiopischen Schriftthums in Europa von grösster Bedeutung gewesen. Ueber Harâr, dessen blosser Name auf Krapf's Karte erwähnt wird, ist auf dieser Reise nichts bekannt geworden.[2]) Das von Krapf und Isenberg eingehaltene Itinerar war folgendes:

Zu gleicher Zeit mit Krapf und Isenberg befand sich auch ein Franzose in Schoa, der die Reise dahin gleichfalls durch die Länder der Adâl unternommen hatte, C. E. H. Rochet, ein Chemiker aus Héricourt, später bekannt unter dem Namen Rochet d'Héricourt. Dieser Mann trug sich, wie er selbst bekennt[3]), mit der Idee „*de chercher un*

---

[1]) Vgl. in Isenberg, C. W., *A small vocabulary of the Dankali language*, London 1840, besonders die *Preface*, ebenso jene des *Dictionary of the Amharic language*. (London 1841).

[2]) Die von McQueen den Reiseberichten Krapf's und Isenberg's beigegebenen geographischen Noten über Abessinien enthalten auch auf Harâr bezügliche Angaben, die freilich ohne Belang sind.

[3]) Vgl. Rochet d'Héricourt, C. E. H., *Voyage sur la côte orientale de la mer Rouge dans le pays d'Adel et le royaume de Choa*. Paris 1841. Préface p. V.

passage à travers l'Afrique dans une direction parallèle à l'équateur", ohne indessen auf der beabsichtigten Reise weiter als bis Schoa zu gelangen. Dem Könige Sahela Selassi von Schoa machte sich Rochet durch die Kenntniss des Pulver- und Zuckermachens, dann durch seine Curen, nützlich und gewann dessen Vertrauen, so dass er auch zu einer politischen Mission nach Frankreich verwendet wurde und mit der Ausführung derselben beschäftigt, später eine zweite Reise durch die Adâl-Länder unternahm, diese also in der Zeit von 1839 bis 1845 im Ganzen vier Mal durchzogen hat. Schon dieser Umstand versetzte ihn in die Lage, in mancherlei Beziehung reichlichere Daten, als sie durch andere Reisende gewonnen werden konnten, zu sammeln, noch mehr aber ein gewisses Geschick zu beobachten, sowohl in geologischer, als auch in ethnographisch-anthropologischer Hinsicht.

Rochet d'Héricourt brach, wie Krapf und Isenberg, von Tadschura aus auf und zog gen Südwesten an den Asal, von diesem durch das Gebiet der Itu- oder Arusi-Galla nach dem Süsswasserbecken von Aussa, dessen vulkanische Umgebung er erforschte, und durchzog dann, immer weiter gegen Südwesten sich wendend, die Länder der Adâl bis an den Hawasch, den er etwa unter dem $10°$ nördlicher Breite überschritt. Ein Theil seiner Reiseroute fällt mit jener Krapf's und Isenberg's zusammen, wie sich denn Rochet ja im Ganzen und Grossen auf derselben Karawanenstrasse bewegte, wie die beiden genannten Forscher. Da Rochet nur eine *„bousolle avec alidade et un thermomètre"* mithatte, vermochte er ausser einem oberflächlichen Itinerar, dann Thermometerbeobachtungen in Tadschura in der Zeit vom 8. Juni bis 3. August 1839 an allgemein-geographischen Daten nicht viel zu liefern.[1]) Die Beschäftigung mit der Untersuchung des vulkanischen Bodens am Asal- und Aussa-See lag dem Chemiker näher und dieser gab er sich denn auch vorwiegend hin. Nach dem Berichte, den die Geologen Dufrenoy, Brogniart und Elie de Beaumont über die geologischen Ergebnisse der ersten Reise Rochet's erstattet[2]), constatirte man das Terrain als aus Granit-, Gneis-, und Tertiärschichten bestehend, ähnlich jenem in der Auvergne. Die von dem Reisenden mitgebrachten Gesteinsproben liessen den Fachleuten an der Ansicht, das man am Asal- und Aussa-See einen trachytischen und vulkanischen Boden vor sich habe, keinen Zweifel. Bei

---

[1]) Rochet d'Héricourt, *Voyage*, p. 56.
[2]) Vgl. den *Rapport sur des observations de M. Rochet d'Héricourt, concernant la géographie physique, la Météorologie et la Géologie de quelques parties des bords de la mer Rouge et de l'Abyssinie.* (*Comptes rendus des séances de l'Academie des sciences*, 24. mai 1841), pp. XVII—XXI.

Dofaûe hat man Solfataren constatirt. Bei Alexicâne fand Rochet Massen verwitterter Lava. Als vulkanische Plätze erkannte er in den Adâl-Landschaften Alexicâne, Gagade, Nehellé und Segaddara. Bei letzterem Platze zeigte sich ein vulkanisches Plateau von 50 lieus Ausdehnung. Auch im Thale von Dabita traf er viel Lava an. Die Tertiärschichten zeigten sich vom vulkanischen Gesteine mellirt. Heisse Quellen entdeckte Rochet in Nehellé, Oiram, Melle und Amoissa, Kupferminen bei Segaddara.[1]

In der speciellen Beschreibung des *pays d'Adel*, wie Rochet das durchreiste Gebiet noch nennt, hat er Allgemeines über die Physiognomie und geologische Beschaffenheit des Landes geliefert, die Bevölkerung von Aussa und dessen Handel, sowie die Ufer des Hawasch geschildert, viele ethnographische Daten über das Volk der Adâl unter specieller Anführung der Stämme verzeichnet[2], sich auch mit Populationsschätzungen befasst[3], ein *Recueil des mots Gallas* zusammengebracht[4] u. A. m.

Von der Stadt und dem Gebiete der *Principauté d'Harar* hat Rochet allerlei erfahren.[5] Von dem Emîr von Harâr eingeladen, nach seiner Stadt zu kommen, liess sich der Reisende nur durch den Fanatismus der Muhammedaner des Fürstenthums abhalten, die Reise dahin zu machen. Die Stadt wurde ihm als 15 lieus von Metta gelegen, sehr schön auf einer Anhöhe erbaut, geschildert. Ihre Einwohnerzahl wurde auf 12,000—14,000 Seelen angegeben, ihre Entfernung von Berbera auf 50, von Zeila auf 25—30, von Farré an der Schoa-Route 60 lieus. Das Land zwischen dem Meere und Harâr, berichtete man dem Reisenden, sei von mehreren unabhängigen Tribus bewohnt und beständig von Itu- und Tschier-Tschier-Gallas beunruhigt.

Die Reise Rochet's muss man, obgleich der Franzose vielfach, zum Theil mit Recht, als Charlatan verschrieen wurde, als ziemlich erfolgreich bezeichnen. Das von dem Reisenden eingehaltene Itinerar war, wie die dem Werke Rochet's beigefügte *Carte du voyage dans le pays d'Adel et le royaume de Choa* ausweist, folgendes (Transscription deutsch):

---

[1] Heuglin vermochte freilich von dem Vorhandensein der von Rochet angegebenen Petrefacten an den bezeichneten Punkten um Tadschura nichts zu entdecken. Vgl. Petermann's Mittheilungen 1860, p. 418, A 2.

[2] Rochet d'Héricourt, *Voyage*, pp. 59—121 und 311—345.

[3] Rochet d'Héricourt, *Voyage*, p. 111.

[4] Rochet d'Héricourt, *Voyage*, p. 399—432. Ueber die erkundeten Itinerare vgl. *Bulletin de la Soc. de Géogr. de Paris*, XIX (1843), pp. 446—449 und *Revue d'orient*, 1843, Mai.

[5] Rochet d'Héricourt, *Voyage*, pp. 330 ff.

Mehr im Interesse der Politik, wie es scheint, denn in dem der Wissenschaft, hat im Jahre 1840 der Engländer Dr. Charles Tilstone Beke eine Reise nach Schoa unternommen und dabei die Länder im Osten Abessiniens in der Richtung von Tadschura gegen Ankober durchmessen. Am 20. Dezember 1840 verliess er die Meeresküste und langte am 5. Februar 1841 zu Farri am Fusse des Hochlandes von Schoa an, mit ganz geringen Abweichungen die Route der im Jahre 1841 nach Schoa aufgebrochenen englischen Gesandtschaft unter Harris, von welcher weiter unten die Rede sein wird, verfolgend. Dr. Beke's Reise durch die Adâl-Länder bildete, wie man mit Recht behaupten kann, bloss eine Art Vorarbeit von Beke's erfolgreicher Thätigkeit in Schoa und Abessinien selbst. Der Reisende hatte einen Sextant mit künstlichem Horizont, einen Azimuth-Compass, Siedepunktthermometer, Thermometer und andere Instrumente und wissenschaftliche Behelfe mitgeführt und war deshalb in der Lage, die zurückgelegte Route genau aufzunehmen.¹) Ueber die sonstigen allgemein-geographischen, namentlich ethnographischen Resultate dieser Reise hat Dr. Beke wenig zu einem Ganzen vereinigtes publicirt.²) Die im Jahre

---

¹) Vgl. den *Appendix to Dr. Beke's papers on Abyssinia*, II: „*Observations on the Road from Tojúrrah to Shoa*, 1840–41" im *Journal of the Royal Geographical Society*, XII, 1842, p. 101.

²) Die Arbeiten Dr. Beke's, in denen von den Adâl-Ländern die Rede ist, sind die Streitschrift: *A statement of facts relative to the transactions between the writer and the late british political mission to the court of the Shoa in Abessinia.* (London 1846), dann die *Communications respecting the Geography of Southern Abyssinia, Communicated*

1841 von Ankober aus nach der Landschaft Gédem ausgeführte Reise war insofern auch für die Kenntniss der Adâl-Landschaften von hoher Bedeutung, als Beke auf derselben sich längs der Wasserscheide zwischen dem Hawasch und dem Bahr el-azraq bewegte und in die Hydrographie der Grenzlande von Schoa Klarheit gebracht, ganz besonders aber die westlichen Zuflüsse des Hawasch-Mittellaufes entdeckt und beschrieben hat. Auch die ab und zu eingefügten ganz kurzen ethnographischen Daten sind nicht ohne Werth.

Obwohl Dr. Beke's Route, wie erwähnt, mit jener Harris' zum grössten Theile zusammenfällt, mögen immerhin einige Punkte aus seinem Itinerare hier erwähnt werden, und zwar ausschliesslich solche, an welchen der Reisende mit seinen Instrumenten zu observiren in der Lage war. Dr. Beke hat folgendes Itinerare eingehalten:

Tadschura.
Hanlifanta
Gungunta
Alluli
Gágade
Ungamara
Dalibúi
Hai
Abáito
Abu Jussûf
Sabolla
Arabdyrra
Buttuella
Dauaileka
Marahauni
Amádu
Fielu
Barudydda
Killeldimo (Kilellu)
Horissumadaga
Gyrtedba
Gabóli
Airolof
Adólei
Badikoma (Badi)
Maro
Mullu
Seik Hotban (Schech Othmân)
Alí
Dyohhin Sei
Hawasch-Fluss.

---

by the *African Civilization Society* (*Journal of the Royal Geogr. Society*, XII, 1842, pp. 82 bis 86), die *Information respecting the Countries of S. W. of Shwá* (*Journal of the R. G. Soc.*, XII, 1842, pp. 86—88), die *Route from Ankober to Dima* mit einer *Sketch of a Route from Ankober to Gedem* (ibidem, pp. 245—258), eine *Map of the Countries South of Abyssinia* (*Journal of the R. G. S.*, XIII, 1843) und *On a Map of the Route from Tajurrah to Ankober* (*Journal of the R. G. S.*, XIII, 1843, p. 182) u. A. m.

Die namhaftesten Resultate trug der Wissenschaft die Expedition ein, welche der Hauptmann im Geniecorps der indischen Armee William Cornwallis Harris im Vereine mit dem Arzte Rupert Kirk, dem Naturforscher Dr. J. R. Roth, dem Lieutenant W. C. Barker, dem Maler Martin Bernatz und Anderen von der Küste des Golfs von Aden durch die Adâl-Länder nach Schoa ausgeführt hat. In politischer Beziehung kann diese Expedition zwar als gescheitert betrachtet werden, weil es dem Chef derselben nicht gelungen ist, dauernde Beziehungen Englands zu Schoa anzuknüpfen. Die Theilung der Beobachtungen und wissenschaftlichen Arbeiten aller Art unter die Mitglieder der Expedition aber ermöglichte ein gründliches Vorgehen und eine vollkommene, in vieler Beziehung lobenswerthe Beschreibung und Sichtung der gewonnenen Resultate.

Der Aufbruch der Harris'schen Gesandtschaft erfolgte von der Küste aus am 17. Mai 1841. Vom Asal-See wandten sich die Briten gegen Südwesten über Gulamo, Barurudda und Berdudda an den Hawasch, welcher Anfangs (10.) Juli bei Ailabello überschritten wurde und bald darauf (4. August) erfolgte die Ankunft zu Ankober. Die Rückreise erfolgte auf demselben Wege. Die topographischen, wie auch die naturwissenschaftlichen Arbeiten der Expedition waren mit Präcision und Sorgfalt ausgeführt worden. Harris selbst beschrieb die Route und die Erlebnisse in stellenweise allzu romanhafter, ja phantastischer Darstellung[1]), während Kirk ein Tagebuch in knapper Form veröffentlicht hat.[2]) Die wichtigsten Punkte der Route wurden mit Rücksicht auf Länge und Breite astronomisch bestimmt und viele Höhen ermittelt[3]), Bemerkungen über die Naturgeschichte des auf dem Reisewege von der Meeresküste bis zur Grenze von Ifât gelegenen Theiles des Adâl-Landes geliefert[4]), werthvolle ethnographische Daten zusammengebracht.[5])

Sichere Kunde über die Position und Verhältnisse des durch seine commercielle Bedeutung an der Küste des rothen Meeres bekannten Fürstenthums Harâr zu erhalten, hat sich namentlich Barker im hohen Grade angelegen sein lassen.[6]) Harris widmete der *Principality of*

---
[1]) *The highlands of Aethiopia; described during eighteen months' residence of a british embassy at the christian court of Shoa.* (London 1844, 3 Bde; deutsch von K. v. Killinger, Stuttgart und Tübingen 1846, mit vortrefflichen und copiosen Noten.) I. Bd.
[2]) *Report on the Route from Tajurra to Ankôbar travelled by the Mission to Shwâ, under charge of Captain W. C. Harris. By Assist. Surgeon R. Kirk. Journal of the Royal Geographical Society,* XII, 1842, pp. 221—238.
[3]) Harris, *The highlands of Aethiopia,* I. Appendix No. 1.
[4]) Ibidem, Appendix No. 2.
[5]) Harris, *The highlands of Aethiopia,* III, p. 223.
[6]) *Extract Report on the probable Geographical Position of Harrar; with come Infor-*

Hurrur[1]) ein eigenes Capitel in dem Werke, ohne indessen mehr denn Daten über die allgemeinsten Verhältnisse aufgeschrieben zu haben. Barker dagegen hatte einen Eingeborenen aus der Nähe von Harâr, Romét Ullah, ausgefragt und recht werthvolle Nachrichten von demselben erhalten. Natürlich waren sie mit der in einem solchen Falle gebotenen Reserve aufzunehmen. Der Afrikaner bezeichnete Harâr als 192 englische Meilen östlich von Ankober und ca. 120 englische Meilen süd-südwestlich von Sela gelegen. Ueber die Nachbarstämme der Stadt, die Regierungsform, Armee, Handel und andere Punkte des Fürstenthums gab Romét Ullah eingehenden Bescheid. Drei Tagereisen von Harâr entfernt ströme der Webbi. Ein anderer Gewährsmann, Muhammed Sa'íd vom Stamme der Medschertin-Somâl, der den Weg zwischen Sela und Harâr wiederholt zurückgelegt, gab Barker folgendes Itinerar für die genannte Strecke an: *Takuscha, Dahowana, Wunabilli, Kurbutti, Dahbelli, Dahinana, Elungira, Ellan, Jiggigir, Dullanulli, Amara, Kuti, Artu, Jild Essa, Ballow, Harrar*. Von Jigjeder oder Jiggidir stimmt die Route mit der von Combes und Tamisier ermittelten ziemlich genau überein. Als Iti-

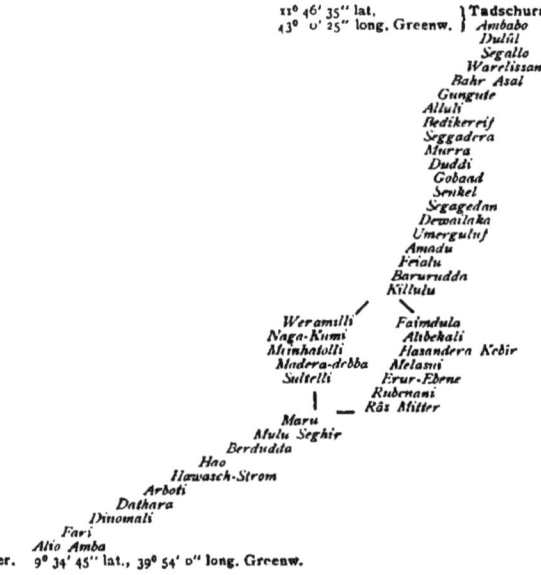

mation relative to the various Tribes in the Vicinity. *Journal of the Royal Geographical Society*, XII, 1842, pp. 238—244.

[1]) Harris, *The highlands of Aethiopia*, I, pp. 390 ff.

nerar von Harrâr nach dem Hawasch wurde Lieutenant Barker folgende Kette von Stationen genannt: *Jild, Esah, Ursu, Sahbullow, Errur, Mullu, Dunharka, Billun, Hawasch*. Die Harris'sche Gesandtschaft selbst hatte vorstehende Route (siehe Seite 64), durch die Länder der Adâl eingehalten.[1])

Von besonderer Wichtigkeit war die genaue Positionsbestimmung von *Tadschura* (11° 46' 35" lat. und 43° 0' 25" long. von Greenwich), des *Bahr Asal* (11° 37' 30" lat. und 42° 33' 66" long. von Greenwich) und die Breitenbestimmung der Uebergangsstelle am Hawasch.

Mitte Dezember 1841 war auch der Brite Charles Johnston an der Spitze einer privaten Expedition von Tadschura aus durch die Länder der Adâl nach Schoa aufgebrochen und bis September 1842 mit Forschungen in Schoa beschäftigt. Er schlug einen in der zweiten Hälfte von Harris Route etwas weiter gegen Westen sich hinziehenden Weg ein und der Besuch des *Abhebbad*-Sees *(Abhibbad)*, dann jenes von *Killalu* scheint ihm den Impuls gegeben zu haben, den hydrographischen Verhältnissen der durchreisten Landschaften ein grösseres Augenmerk zuzuwenden. Ueber die genannten beiden Wasserbecken konnte er wohl aus Autopsie sprechen, in gewisser Beziehung auch über die Gruppe kleinerer Wasserbecken, welche den *Abhebbad* umsäumen. Was er aber über den Hawasch berichtet[2]), ganz besonders über das Netz seiner zahlreichen von den abessinischen Bergen herabeilenden Zuflüsse, beruht bloss auf Erkundigungen.[3]) Die Reiseroute beschrieb Johnston ziemlich genau.[4]) Er liebt etymologische Erklärungen von Stammesnamen der besuchten Völker[5]) und bewegt sich auf diesem Gebiete nicht ganz ohne Geschick. Zu den werthvollsten Ergebnissen seiner Reise zählen aber ohne Zweifel die Beschreibung des *Bahr Asal*[6]), jene der Mündungen des Hawasch in den Abhebbad-See, sowie der hydrographischen Verhältnisse desselben an dem durch den Garundura-Canal, man könnte sagen regulirten

---

[1]) Nicht unerwähnt kann hier bleiben, dass die Schreibweise der Namen im Texte bei Harris und auf McQueen's Karte eine ziemlich verschiedene ist. Auch in der Killinger'schen Uebersetzung zeigen sich im Texte und auf der Karte bedeutende Discrepanzen in der Lesart der Namen. Das auf S. 64 stehende Itinerar berücksichtigt mehr die Schreibweise der deutschen Uebertragung. (I. Anhang I, pp. 1 und 2.)

[2]) Johnston, Ch., *Travels in Southern Abyssinia through the country of Adal to the Kingdom of Shoa*. (London 1844, 2 vols.) II, pp. 351—363.

[3]) Vgl. die *Sketch map shewing the Watersheds of Abyssinia* in Johnston's *Travels*, II. Band.

[4]) Johnston, *Travels*, I, pp. 1—36.

[5]) Johnston, *Travels*, I, pp. 11; 300 ff.; 322.

[6]) Johnston, *Travels*, I, pp. 125 ff.

Unterlauf des Flusses[1]), über die Depression des *Abhebbad*[2]), die „*Remarks upon the climate of Adal*" und über das „*field of extinct craters*".[3])

Harâr ist Johnston unter dem Namen *Hurrah* bekannt; er nennt es die ehemalige „*capital of the Kingdom of Adal*", gelegen an einem Zufluss des *Whabee River*. Ein Gewährsmann des Forschers, welcher die Stadt besucht, will dort Reliquien von Muhammed Gragne gesehen haben, unter diesen eine Karte, welche auf Geheiss des grossen Eroberers angefertigt worden sein soll und das Gebiet verzeichnet enthielt, welches Gragne zwischen *Massaua* und *Gonda* im Norden und *Magdischu* im Süden erobert hatte.[4]) Nähere Daten über Harâr sind Johnston nicht bekannt geworden. Das von ihm eingehaltene Itinerar zwischen Tadschura und dem Hawasch war folgendes:

<pre>
                    Tadschura.
                     Dafarre
                    Gungunta
                     Allule
                    Gurgudi
                     Ebene
                    Saggadera
                    Bilad Hy
                   Ramuddali
                  Abhebbad-See
                    Gobard
                   Arabdera
                 . Sagagadda
                    Mokita
                  Ahmasguloff
                  Koranheduda
                   Herhauli
                   Barradudu
                   Ahermaduda
                    Alibekali
                   Hasandera
                    Bundara
                    Kuditi
                   Hiero Muru
                   Metla Muru
            Anni
            Hau
     Melkukuya am Hawasch.
</pre>

Die von Cruttenden im Jahre 1847 bei einem Ausfluge von Berbera über die Dunandscher-Kette im Gebiete der Isa-Musa und sonst über Harâr gesammelten Daten[5]) haben keinen grösseren Werth, als den gewöhnlicher, vielfach dubioser Erkundigungen.

Schon die Harris'sche politische Expedition nach Schoa hatte auf

---

[1]) Johnston, *Travels*, I, pp. 195 ff.
[2]) Johnston, *Travels*, I, pp. 207 ff.
[3]) Johnston, *Travels*, pp. 391—394.
[4]) Johnston, *Travels*, II, p. 362.
[5]) *Journal of the Royal Geogr. Society*, XIX, p. 49.
[6]) Vgl. die *Transactions of the Bombay Geological Society*. a. d. 1848.

das durch seinen commerciellen Verkehr berühmte Harâr ein Auge geworfen. Britischem Handel konnte sich hier bei kluger Ausnützung der Sachlage in Ostafrika viel eher ein Feld eröffnen, als vielleicht in dem allzu entlegenen, dazu schon halb und halb in französische Bande geschlagenen Schoa. Daher hat man sich schon im Jahre 1849 in England mit dem Gedanken an eine commercielle und wissenschaftliche Erforschung des Fürstenthums lebhaft beschäftigt. Doch erst zu Ende des Jahres 1854 nahm die beabsichtigte Entsendung einer Forschungsexpedition nach Harâr concrete Gestalt an, und es wurde das gewagte Unternehmen Richard Burton, W. Stroyan, J. H. Speke und Herne, Officieren der indischen Armee, zur Ausführung anvertraut. Der Leiter der Expedition Burton, wusste sehr wohl, „*that the region was previously known only by the vague reports of native travellers*" und „*that the land of the Somal was still a terra incognita*", ferner dass „*Harar was frequently been described by hearsay*"; es galt nun, so rasch als möglich die mysteriöse Capitale zu betreten. Bei einem kühnen Versuche, in das Land der Somâl von der Küste des Golfs von Aden einzudringen, war der Expedition ein tragisches Ende bereitet worden. Ein Genosse Burton's wurde getödtet, die anderen fast alle lebensgefährlich verwundet, nur dem Führer gelang es, in der Zeit von Mitte October 1854 bis 3. Januar 1855 von der Hafenstaft Sela aus unter vielen Schwierigkeiten die Strecke durch völlig unbekanntes Gebiet nach Harâr zu durchmessen, die Stadt und ihre Verhältnisse zu erforschen und glücklich nach Berbera an die Küste zurückzukehren. Am 9. Februar 1855 befand sich Burton wieder in Arabien.

Die Resultate dieser Reise waren ziemlich bedeutende. Burton führte zwar nur „*a pocket compass, a watch and a portale thermometer*" mit sich, konnte somit keine astronomischen Positionsbestimmungen machen; allein die Route ward durch ihn so gut als es ging aufgenommen und alle einem nicht unsorgfältigen Beobachter aufstossenden Momente erfasst. Zunächst beschreibt uns Burton in seinem Reisewerke den Ausgangspunkt seiner Reise, *Sela*, wie er sagt „*called Audal or Auzal by the Somal*", das Leben und die Geschichte der Stadt[1], schildert die *Isas* und deren Stammeseintheilung[2], dann den Theil seiner Reise von *Sela* bis *Marar* und von *Marar* bis *Harâr*[3], endlich

---

[1] Burton, Richard, *First footsteps in East Africa; or an exploration of Harâr*. (London 1856; deutsche Bearbeitung von K. Andree, Leipzig 1861), pp. 21—172. Ueber die Tour nach Harâr, vergleiche auch Burton's *A trip to Harar* in den *Proceedings of the Royal Geogr. Soc.* XXV, p. 136.
[2] Burton, *First footsteps*, pp. 172 ff.
[3] Burton, ibidem, pp. 183 ff.

die *Girhi* und deren Scheidung in zehn Stämme.¹) Der Forscher hatte zu der 202 englische Meilen betragenden Strecke eine verhältnissmässig lange Frist gebraucht, die indes in der Unsicherheit der Gegend ihre Erklärung findet. Selbstverständlich fesselte das Leben in der noch von keinem Europäer betretenen Stadt das Interesse Burton's auf das Lebhafteste und was er uns über seinen nur zehn Tage währenden Aufenthalt in derselben mittheilt, blieb bis in die neueste Zeit das einzige verbürgte und auf Autopsie beruhende Material. Die Lage der Stadt, ihre Einwohner, der Fürst und sein Hofstaat, die Geschichte des Fürstenthums fanden Würdigung.²). Auch die mathematische Position von Harâr hat Burton auf: 9° 20′ 00″ nördlicher Breite und 42° 17′ 00″ östlicher Länge von Greenwich zu ermitteln sich bemüht. Er constatirte die für die Briten höchst wichtige Thatsache: „*Harar is essentialy a commercial town*". Mit diesen allgemein-geographischen Wahrnehmungen gingen auch sprachwissenschaftliche und meteorologische Forschungen und Aufzeichnungen Hand in Hand. Von der Sprache Harâr's, dem Hararî, gelang es Burton einen ziemlich reichhaltigen Schatz aufzugreifen, der Friedrich Müller genügte, dem Idiom einen sicheren Platz unter den semitischen Sprachen anzuweisen.³)

Während der Vorbereitungen zu der Reise hatten die Mitglieder dieser englischen Expedition in Ost-Afrika, besonders Speke auf seiner Tour in das Wâdi *Nogal*, meteorologische, ethnographische und botanische Studien gemacht⁴) und desgleichen hatten Stroyan, Herne und Burton vom November bis März 1854—55 fleissig das Thermometer abgelesen.⁵) Die Angaben über Harâr ergänzte in einer Beziehung die Reihe von Daten, welche William Barker, ein Theilnehmer an der Harris'schen Expedition, auf einer unvollendeten Reise von Ankober nach Harâr ermittelt und die Burton seiner Reisebeschreibung nicht unpassend angefügt hat.⁶) Barker war 1842 abgegangen, hatte die Harâr-Route aber bei *Cafilla* aufgegeben und kam bei Tadschura wieder an die See.

Die von Burton auf der Reise nach Harâr und von hier an die Küste eingehaltene Route war folgende:

---

¹) Burton, *First footsteps*, pp. 277 ff.
²) Burton, ibidem, pp. 295 ff.
³) Burton, ibidem, Appendix II, pp. 511—582: *Grammatical outline and vocabulary of the Harari Language*. Vgl. Müller in den Sitzungsberichten der philos.-historischen Classe der K. Akademie der Wissenschaften zu Wien, 44. Bd., Jahrg. 1863, pp. 601 ff.
⁴) Burton, ibidem, Appendix I, pp. 459 ff. und pp. 98 ff.
⁵) Burton, ibidem, Appendix III, pp. 583 ff.
⁶) Burton, ibidem, Appendix V, pp. 599 ff.

Sela.
Gudingaras (19 miles)
Kuranyoli (8 m.)
Adad (25 m)
Damâl (11 m.)
El Armo (11 m.)
Dschijaf (10 m.)
Halimala (7 m.)
Anbuba (21 m.)
Koralay (25 m.))—•

Ao Barre
Moga Medir
Gogaysa-Thal

Bulhar   Berbera.
Banka Hayla
Battoladagi
Ga'angal
Las Dorghay
Hamâr
Wâdi Danan

Harâr (65 m.)
9° 20' lat.
42° 17' long. Greenw.

Die Küstenpunkte von *Tadschura* bis über *Berbera* hinaus sind im Jahre 1857 von Theodor von Heuglin neuerdings besucht und beschrieben worden, obwohl über die meisten derselben schon Guillain Arcangelo, Cristopher[1]) und Cruttenden eingehend berichtet hatten. Dennoch erfahren wir von Heuglin auch manches für die Binnenlande wichtige Moment, ganz besonders aber naturwissenschaftliche Daten über das Vorkommen von Thieren, Pflanzen u. s. w. Nicht ohne alle Anerkennung sollen auch des Reisenden Erkundigungen bleiben, so jene über die Karawanenroute nach *Schoa*[2]), dann die über die Naturbeschaffenheit des *Bahr el-Asal*, die unter vernünftiger Kritik mit den Harris'schen Angaben wiedergegeben werden, endlich die Beschreibung der Städte *Tadschura*, *Sela* und *Berbera*, welche mit gutem geographischem Scharfblick verfasst sind. Was Heuglin über *Harâr* erfahren[3]), differirt allerdings gar nicht von den Angaben Burton's, bereichert die letzteren aber auch in keinerlei Weise, es sei denn, dass Heuglin die Bewohnerzahl auf 10,000, Burton auf 8000 geschätzt hat und dass Heuglin in Erfahrung gebracht, man pflege Harâr von Sela aus mit Lastthieren in neun bis zehn Tagen, mittelst eines Dromedars aber in vier bis fünf Tagen bequem zu erreichen.

Eine namhafte Bereicherung erfuhr unser Wissen von den östlichen Nachbargebieten Harâr's, namentlich in ethnographischer und culturhistorischer Beziehung durch die Reise, welche G. A. Haggenmacher in der Zeit vom 25. Dezember 1874 bis 4. Februar 1875 ausgeführt hat. Dieser wandte sich von *Berbera* südwestlich durch das Gebiet der *Isa Musa*, überstieg das *Assa*-Gebirge und gelangte durch die Ebene von *Schilmale*, durch das Gebiet der *Habar Gerhagis* und die baumlose von Hirten-Nomaden bewohnte *Toyo*-Ebene bis *Libaheli* (8³/₄° nördlicher Breite). Der Rückmarsch erfolgte in derselben Rich-

---

[1]) Cristopher im *Journal whilst commanding the H. C's. brig „Tigris"* on the East Coast of Africa.

[2]) Petermann's Mittheilungen 1860, p. 419, Anm. 1.

[3]) Petermann's Mittheilungen 1860, pp. 423 f.

tung nach *Berbera*, wie der Hinmarsch stattgefunden hatte, nach einer von dem ersten Uebersteig des *Assa*-Gebirges erfolgten zweiten Uebersteigung desselben Gebirges an einem östlicher gelegenen Punkte und nach erfolgter mehrmaliger Kreuzung der ersten Route. Den letzten Theil der Rückreise führte Haggenmacher mit Berührung des *Redscheba*-Rückens weiter binnenwärts durch den nördlichen Saum der Somâl-Landschaften aus. Die Resultate dieser Tour beschrieb der Reisende in echt wissenschaftlicher Weise.[1]) Er entwarf, nachdem er den Reisebericht erstattet [2]), ein Bild der physischen Geographie des gesammten Somâllandes, sich freilich mitunter nur auf Aussagen von Sklavenhändlern stützend und Vermuthungen aussprechend. Mit seltener Genauigkeit besprach er hierbei auch die geologischen Verhältnisse, Klima, Vegetation und Fauna des Landes.[3])

Die Ethnographie und Ethnologie der östlichen Grenzländer von Harâr erfuhr durch Haggenmacher's Reise gleichfalls einige Erweiterung. Die sprachlichen Daten sind zwar durchaus nicht erheblich, dagegen ist über die socialen Verhältnisse, den Charakter des Volkes, die Religion, Zeitrechnung, die Gebräuche, Nahrungsmittel, Kleidung, Gesetze etc. des Volkes ziemlich ausführlich gehandelt.[4]) Dem Ackerbau, der Viehzucht, der Industrie und dem Handel der durchreisten Landschaften hat der nachher im Kampfe gefallene Forscher ein näheres Augenmerk geschenkt und dieselben eingehend beschrieben.[5]) Auch zur Geschichte der Somâl liefert er werthvolle Beiträge und hat überdies seiner Schilderung eine recht sorgfältige Tabelle der Witterungsverhältnisse von Berbera (vom 23. Dezember 1873 bis zum 2. März 1874) hinzugefügt.[6]) Was er über Harâr (er schreibt dem ägyptischen Dialect der arabischen Sprache angemessener Härär) in Erfahrung gebracht, bezieht sich fast nur auf das commercielle Leben des Staates, auf Import und Export, Industrie etc. Dem kleinen historischen Abriss[7]), dessen Basis von den Eingeborenen erfragt ist, kann in vielen Punkten voller Glaube geschenkt werden; anderseits leiden manche Angaben von Eingeborenen, namentlich wenn sie weit ab von dem Objecte der Forschung gesammelt wurden, selbstverständlich an grosser Ungenauigkeit.

Der Reisende hatte folgendes Itinerare nach dem an der Kara-

---

[1]) G. H. Haggenmacher's Reise im Somali-Lande 1874. Mit einer Originalkarte. Ergänzungsheft No. 47 zu Petermann's Mittheilungen, Gotha 1876.
[2]) Haggenmacher's Reise, pp. 1—15.
[3]) Haggenmacher's Reise, pp. 18—25.
[4]) Haggenmacher's Reise, pp. 27—32.
[5]) Haggenmacher's Reise, pp. 32—41.
[6]) Haggenmacher's Reise, pp. 41 f., 44 ff.
[7]) Haggenmacher's Reise, pp. 431 f.

wanenstrasse nach der Landschaft *Ogaden* gelegenen, kaum 25 geographische Meilen Luftlinie von der Küste entfernten *Libaheli* eingehalten:

```
                              Y Berbera.
                              ◊
             Chôr Baba        |
             Chôr Malgoy      Dschifla
             Chôr Kurian      Deregolli
             Carincolan-Berg  Tichticheyo
             Safrigadusti-Berg Hamass
             Sanain           ◊
             Gego             |
             Dalat            Bargassun-Berg
             Mandeyra         Djerato
                     Boramo    ⌐
  Seriba Handulla  ⌐  Schilmale-Ebene
  Deba Horired-Berg   Seriba Nûr Muhammed
  Abdi Nûr            Gubedli
  Chôr
  Galloli              Y
     ◊                 ◊
     |                 |
     Toyo              Gansa
     Ser. Hersi Amân   Dobwena
                       Ser. Ahmed Amân
                    ⌐  Arab Ishae
                    ⌐  Libaheli.
```

Wie das Vordringen ägyptischer Heerschaaren im Sûdân, so ward es auch am Südrande des rothen Meeres und an dem Gestade des Golfs von Aden für die Wissenschaft nicht ohne Bedeutung. Ein Bürgerkrieg und die verrotteten staatlichen Verhältnisse in dem morschen Harâr veranlassten den ehrgeizigen Chedive Ismâïl-Pascha zum Einmarsche in die Länder der Adâl und zum Zuge gegen Harâr. Eine Expedition unter dem Commando des Generals Raûf-Pascha setzte sich im Herbste 1875 von Sela aus gegen das Fürstenthum in Bewegung, im Grossen und Ganzen eine südwestliche Richtung einhaltend durch das Gebiet der Isa- und Gudabirsi-Somâl, eroberte die Stadt Harâr, dessen Emir Ahmed enthauptet wurde, beseitigte den Thronprätendenten 'Abd el-Schakûr und verleibte das Gebiet dem ägyptischen Reiche ein. In Harâr wurde ein Statthalter des Vicekönigs installirt, eine Garnison zur Unterstützung einer Autorität dahin verlegt und der Weg von Sela nach der ziemlich entlegenen Handelscapitale durch Anlage von mehreren Militärstationen gesichert. Die Macht des Gouverneurs dieser entlegenen Expositur beschränkte sich gleich bei Schaffung des neuen Verhältnisses nur auf die Beherrschung der Stadt und deren nächster Umgebung, wurde aber nach und nach eine ziemlich bedeutende, insofern als das Gebiet der Isa- und Gadibursi den Aegyptern tributpflichtig gemacht und in neuerer Zeit das gesammte Gebiet mit der Stadt und dem Weichbild von Berbera zu einer Provinz des ägyptischen Reiches organisirt wurde.

Die Eroberung von Harâr und die Vereinigung desselben mit Aegypten hatte, wie schon erwähnt, auch für die Wissenschaft manchen Vortheil gebracht. Im Stabe Raûf-Pascha's befanden sich Offiziere, deren Aufgabe es war, die auf dem Marsche nach Harâr durchzogenen Landschaften zu beschreiben, die Bewohner und Verhältnisse derselben zu studiren, die Stadt Harâr kartographisch aufzunehmen, mit einem Worte den möglichst grossen Nutzen für die Geographie und Ethnographie aus dem erfolgreichen kriegerischen Zuge zu schöpfen. Ein besonderes Verdienst erwarb sich in dieser Beziehung ein Stabsoffizier Muhammed Muchtâr, indem er nicht nur das Gebiet der Isa-Somâl beschrieb, sondern auch die zahlreichen Tribus der Isa erforschte und beschrieb, die Stadt und Verhältnisse von Harâr während seines allerdings nicht langen Aufenthaltes nach Möglichkeit explorirte, auch die von Harâr abhängigen Gallastämme zu beschreiben sich bemühte, unter Mitwirkung seines Commilitonen Fausi-Effendi einen Plan der Stadt Harâr entwarf und auch einige Züge aus der Geschichte von Harâr zusammenstellte.[1]) Sollte die ägyptische Herrschaft von Dauer sein, das sah man in Kairo ein, so musste eine Erforschung namentlich des östlichen Nachbargebietes von der neueroberten Stadt durchgeführt werden und dieser hat sich derselbe Muhammed Muchtâr im Herbste des Jahres 1877 durch eine Excursion in das Gebiet der Gadibursi-Somâl bis Harawa[2]) mit Glück unterzogen.[3]) Einem Hinausgreifen der ägyptischen Herrschaft über Berbera gegen Osten, bis an das Cap Guardafui und nach dem äquatorialen Ostafrika, wie es in der Politik Ismâïl-Pascha's gelegen sein mochte, setzten die inneren Zustände des Nilreiches in verhältnissmässig kurzer Zeit ein Ziel. Auf seiner Recognoscirungstour nach dem Cap, wie es harmlos heisst: „*a fin de faire les études nécessaires pour l'emplacement d'un phare*", war Oberst Charles J. Graves mit den Medschertin-Somâl in nähere Berührung gekommen und hat eine nicht uninteressante Skizze über ihr Land und die numerische Anzahl derselben geliefert.[4])

---

[1]) Vgl. seine *Notes sur le pays de Harrar* im *Bulletin trimestriel de la Société Khédiviale de Géographie du Caire*, 1876, pp. 351—388, sein *Aperçu historique sur les souverains qui ont gouverné Harrar, et sur les habitudes du dernier Emir* in demselben *Bulletin*, pp. 389—397, dann den *Plan de la ville de Harrar*, ebendaselbst, Beilage.

[2]) *Gadibursi* nicht *Gadoboursi*, *Gadiburssi*, *Gudubursi* oder *Gudabirsi* wird richtig zu schreiben sein. *Gadohursi* bei Chiarini in den *Memorie della Società geograf. Italiana*, I, p. 200 wird nur ein Druckfehler sein.

[3]) Vgl. *Une Reconnaissance au pays de Gadiboursi* im *Bulletin de la Soc. Khédiv. de Géogr.* No. 7, février 1880, pp. 1—17.

[4]) Vgl. *Le pays des Somalis Mijjertains* im *Bulletin de la Soc. Khédiv. de Géogr.* No. 6, novembre 1879, pp. 23—36.

Muchtâr's Beschreibung des Isa- (Issa-) Landes umfasst eine oberflächliche Beschreibung des von der Armee Raûf-Pascha's zurückgelegten Weges, der von *Sela* über *Tokoscha, Manda, Ensa, Laas Uardig, Dallaimalé, Garaslé* und *Dschildessa* führte, eine Aufzählung der Tribus der Isa ohne specielle Angabe von Wohnsitzen derselben und mit Schätzungswerthen von deren Kopfzahl, eine Schilderung der Lässigkeit und Trägheit dieses Volkes und der von Seiten der ägyptischen Invasionsarmee gegen diese nachtheiligen Eigenschaften ergriffenen Maassregeln. Die Beschreibung der Stadt Harâr umfasst die Angabe von deren Flächenausmaass, Lage, Bauart der Häuser, die unter der Einwohnerschaft der Stadt vorkommenden Krankheiten, das Klima, die Einwohnerschaft deren Leben und Sitten, Zeitrechnung u. s. w. Muchtâr war keineswegs darauf bedacht, etwa die Angaben Burton's zu ergänzen, sondern beschrieb, was sich ihm, als einem vorurtheilsfreien, nüchternen Beobachter eben bot. Von ganz besonderem Werthe sind die Angaben über die dem Fürstenthum Harâr unterthan gewesenen Galla-Stämme[1]) der nächsten Umgebung der Hauptstadt: die Arrussi, Itto, Garui, Nolli, Dschiri, Babuli, Barseri, Barsube, Uburra, Ittu-Tschier-Tschier, Ulla, die sämmtlich in eine Reihe von Fakludas getheilt sind und von Muchtâr zusammen mit den Isa-Somâlen auf ca. 2 Millionen Seelen geschätzt werden. Die Schilderung ihrer Sitten ist eine ansprechende, oft aber sehr dürftige. Der wackere Offizier hat ohne Zweifel den grössten Theil des Berichtes über die Gallas nur nach Hörensagen zusammengestellt. Die historische Skizze der Regenten von Harâr ist nichts weiter als eine trockene Aufzählung der Namen mit Angabe der Regierungszeit nach der Hedschra. Von einer Vollständigkeit ist natürlich nicht die Rede; auch weist das Verzeichniss störende Druckfehler auf. Der Excurs über die Wirthschaft unter dem letzten Emir des Fürstenthums und dessen Gebahren hat nur für Aegypten besonderes Interesse und scheint nur fast eine Rechtfertigung des Einmarsches der Armee des Chedive hinauszulaufen.[2])

Eine Art Ergänzung dieses ethnographischen Excurses bildet die Schilderung der Gadibursi. Bei dieser scheinen die persönlichen Reiseerlebnisse des Verfassers gegen die realen Daten über das Volk und seine Sitten entschieden zu präval iren. Nicht unwichtig ist die Be-

---

[1]) *Bulletin de la Soc. Khéd. de Géogr.*, 1876, pp. 377–388.
[2]) Im *Bulletin de l'état-major général de l'armée égyptienne*, No. 1, 3. Jahrg. vom 14. September 1876 soll sich eine „*histoire de Harrar depuis les temps les plus reculés jusqu'à nos jours*" befinden. Mir war das *Bulletin* nicht zugänglich; doch nähre ich bezüglich dieser Arbeit keine grosse Hoffnung. Erst wenn die von Harâr mitgebrachten Geschichtsbücher werden benutzt worden sein, ist für die Geschichte des Landes Besseres zu erwarten,

schreibung des Weges durch das Gebiet der Gadibursi von *Sela* über *Bir Ramadu, Hoswena, Dobo el-Saghîr, Halimali* und *Harâwa*, wo die Excursion ihr Ziel erreichte. Graves' Bericht über die Midschertin enthält lange Serien von Namen, doch auch Erhebungen über die Volkszahl etc. Den letztgenannten beiden Berichten haftet der Mangel an, dass sie eben nur in dem knappen Rahmen der in der geographischen Gesellschaft zu Kairo gehaltenen Vorträge erschienen. Wären die Gedanken hinterher sorgsam ausgesponnen worden, so enthielten ohne Zweifel diese Berichte Manches für den Mann der Wissenschaft schätzbare Moment, das aber bei einem mündlichen Vortrag, von welchem weg das Manuscript zum Druck befördert wurde, natürlich keine Berücksichtigung finden konnte. Im Allgemeinen lässt sich indes behaupten, dass die ägyptischen Offiziere für die Kenntniss von Harâr und Umgebung während der Feldzugscampagne in diesem Lande ganz erkleckliches geleistet haben.

Die egyptische Armee hielt auf ihrem Marsche gegen Harâr und Muchtâr-Bey auf seiner Recognoscirung im Lande der Gadibursi folgendes Itinerar ein.[1])

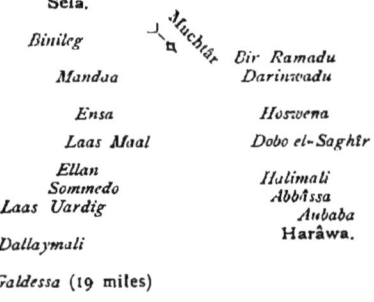

Einen grossen Fortschritt weist unsere Kenntniss der Adâl-Länder seit der Thätigkeit der Sendlinge der *Società geografica Italiana* auf. Das italienische Volk hat durch die Entsendung von Männern, wie Orazio Marchese Antinori, Giovanni Chiarini, Sebastiano Martini, Antonio Cecchi, nach Schoa Behufs Begründung commercieller Beziehungen mit dem geeinigten Königreiche eigentlich nur den Faden von Reisen und Forschungen wieder aufgenommen, die viele Jahrhunderte lang unterbrochen waren. Schon im 14. und 15. Jahrhundert und noch viel früher waren nämlich Italiener im Nilthale und in den Hinter-

---

[1]) Die Nomenclatur ist die von Muchtâr gebrauchte, aus dem Französischen transscribirt.

ländern von Abessinien als Kaufleute thätig und ihren Wahrnehmungen und Schilderungen dankte die damalige Erdkunde ein gutes Stück autoptischen Wissens über das Alpenland am blauen Nil und dessen östliche Vorländer.

Der kürzeste Weg nach Schoa und von hier nach einem bislang jungfräulichem Gebiete im Nordosten der grossen Seen führte durch die Länder der Adâl von den Hafenstädten am Golf von Aden aus. Durch die Erwerbung eines Territoriums an der Bai von Assab war eine feste Grundlage für Handels- und wissenschaftliche Unternehmungen gewonnen, allein an der Karawanenstrasse nach dem Hawasch blühte das Räuberhandwerk beutelustiger Adâl und Danakil und so wurden denn die italienischen Reisenden wahre Pionniere für die Eröffnung von Beziehungen der Uferterritorien des rothen Meeres mit Schoa. Was auf den beschwerlichen Fahrten nach dem Hawasch an wissenschaftlichem Materiale gewonnen wurde, hat das Gepräge der Vielseitigkeit und Gediegenheit, wie denn das ganze italienische Forschungswerk hier im Osten mit qualificirten und ausdauernden Kräften und mit einer von der italienischen Nation opferfreudig gewährten Opulenz von Mitteln in Angriff genommen wurde.

Im Herbste 1876 verliessen Antinori, Chiarini und Martini die Hafenstadt Sela und schlugen sich, eine südwestliche Route einhaltend, von der räuberischen Bevölkerung unablässig behelligt, durch das Gebiet der Isa-Somâl nach Schoa durch, wo sie Mitte November 1876 ankamen. In *Tul-Harrè* (ca. $41^1/_3°$ westlich von Greenwich und $9^5/_8°$ nördlicher Breite) sah sich Martini zur Umkehr genöthigt, um für die Ergänzung der arg zusammengeschmolzenen Vorräthe zu sorgen. Allein schon im Frühjahr 1877 verliess er mit Cecchi wieder Italien und beide folgten Antinori und Chiarini im Grossen und Ganzen auf dem von diesen beiden zurückgelegten Wege nach, wurden in *Tul-Harrè* abermals durch Kriegswirren festgehalten, bis es ihnen endlich gelang, sich über den Hawasch nach Schoa durchzuschlagen und dort im Vereine mit ihren vorausgeeilten Landsleuten eine Handelsstation zu begründen. Martini war als Beförderer der Nachschübe für die Expedition in der Lage, einen von seinen Commilitonen noch unbegangenen Weg durch das Gebiet der Isa über *Abasuen*, das an dem westlichen Karawanenwege nach Harâr liegt *(Lassarad—Sela)*, zurückzulegen (1877—1878).

Ausser zahllosen minder wichtigen Daten über die Gebiete und Stämme der Adâl-Länder, haben die italienischen Reisenden über die zum Theile von Harris und Rochet d'Héricourt schon beschriebenen Territorien namhaftes Material geliefert und so nicht nur die Forschungen der genannten zwei Reisenden erweitert, sondern unsere Kunde von den Adâl-Ländern auch bedeutend erweitert. Dies gilt hauptsächlich von den sorgfältig erhobenen zoologischen Daten Antinori's aus dem Gebiete der Isa-Somâl[1]), von Chiarini's mit ethnographischen Daten reich geschmücktem Berichte über die Reise von *Tul-Harré* nach *Liccé* in Schoa[2]), Martini's allerdings etwas dürftigem Bericht über die Reise von *Tul-Harré* nach Schoa[3]), vor Allem aber von den inhaltsreichen und genauen Daten Capitän Cecchi's über die Reise von *Tul-Harré* nach *Liccé*, deren erstem Theile eine überaus werthvolle Tabelle über die zwischen *Sela* und *Bilin* am Hawasch angestellten astronomischen Positionsbestimmungen (im Ganzen von 28 Punkten), Thermometer- und Barometer-Ablesungen und meteorologischen Beobachtungen[4]) vorausgehen, und Chiarini's eingehender Arbeit über die Beschaffenheit der Landschaften am Wege von *Sela* nach *Farré* in Schoa.[5]) Namentlich die letztgenannte Arbeit ist bei weitem die sorgfältigste von allen über die Adâl-Länder bisher veröffentlichten. Eine namhafte Reihe geologischer Daten über die vulkanische Natur der durchmessenen Territorien, eine Tabelle über die beobachtete Regenmenge während des Marsches von Ende Mai bis Ende August, eingehende Untersuchungen über die Ethnologie der Isa-Somâl und der benachbarten Adâl-Stämme, die Sprache der Somâl und Adâl und eine reiche Zusammenstellung der Barometer- und Thermometer-Ablesungen und Windbeobachtungen zieren diesen werthvollen Bericht, der allein schon eine Basis für die geographische Kenntniss der auf der Reise vom rothen Meere an den Hawasch durchmessenen Landschaften abzugeben vermöchte.

Capitän Cecchi hat diese namhaften Forschungen auf seiner Rückreise aus *Kaffa* noch durch eine Reise von der Station *Uaroff* (41° 45' 5" long. von Greenwich und 10° 15' 45" lat.) nach Harâr erweitert und dabei die Position von Harâr gemessen. Sein Aufenthalt in letzterer Stadt dauerte leider nur vier Tage (vom 30. November bis 3. Dezember 1881), so dass er umfassendes Material zu sammeln nicht in die Lage kam und auch die Strecke von Harâr bis Sela in Eilmärschen zurücklegen musste.[6]) Immerhin bleibt er der Erste, der die kurze Strecke von *Uaroff* bis *Harâr* als wissenschaftlicher Reisender zum ersten Male beging

---

[1]) *Memorie della Società geografica Italiano*, I, 1, pp. 136 ff.; II, 2, pp. 176—189.
[2]) *Memorie d. Soc. geogr. Ital.*, I, 1, pp. 141 ff.
[3]) *Memorie d. Soc. geogr. Ital.*, I, 1, pp. 156 ff.
[4]) *Memorie d. Soc. geogr. Ital.*, I, 2, pp. 161 ff.
[5]) *Memorie d. Soc. geogr. Ital.*, I, 2, pp. 189—218.
[6]) *Bollettino della Soc. geogr. Italian.*, 1882, pp. 699—701.

und auch die Höhe des gegen Harâr zu ansteigenden Terrains gemessen hat.[1])

Die von den genannten italienischen Reisenden bis Ende des Jahres 1881 begangenen Reiserouten waren folgende:[2])

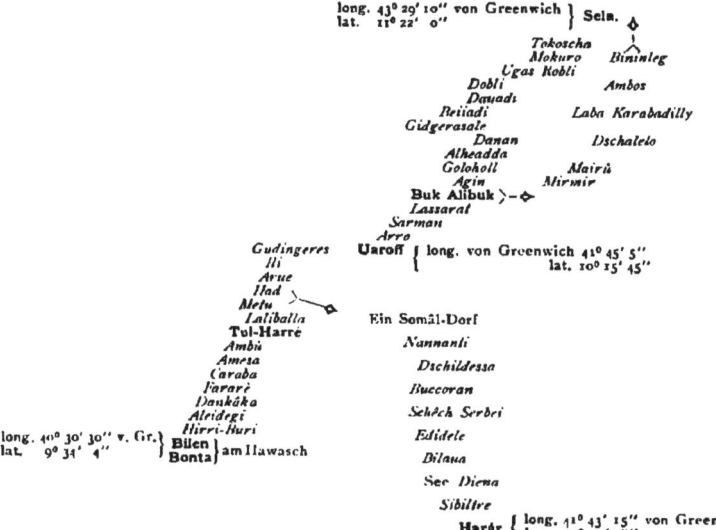

Während die genannten italienischen Forscher mit der Lösung ihrer Aufgabe in Schoa beschäftigt waren und die ägyptische Herrschaft auf den Trümmern des Emirats unter Raûf-Pascha, Radoran-Pascha und Nady-Pascha einigermaassen Wurzel gefasst hatte, unternahm es 1879 ein junger italienischer Handelsbeflissener, einen Eilmarsch nach Harâr durchzuführen, G. M. Giulietti, der im Frühjahre 1881 in der Nähe der Assab sein junges Leben verlor. Er wählte den directen Weg von Sela in südwestlicher Richtung und hat, wie wohl er nur wenige Instrumente besass und sprachlich nicht gebildet war,

---

[1]) Im *Bolletino d. Soc. geogr. Ital.* 1882, p. 175 schreibt Cecchi: „*Visitando l'Harar potei anche determinare e precisare il corso inferiore del fiume Uabi, le cui sorgenti furono scoperte dal defunto mio compagno dei Guraghè e stabilii lo spatiacqua dei due versanti settentrionale e meridionale, cioè Hawash e Uabi (dell' Ogadè)*". Dies wäre ein hübscher Erfolg seines kurzen Aufenthaltes in Harâr; doch scheint Cecchi bislang über den Gegenstand nichts in die Oeffentlichkeit gegeben zu haben.

[2]) Da die Routen Antinori's, Chiarini's und Martini's, dann jene Cecchi's und Martini's mit Ausnahme von Martini's Rückreise ab *Buk Alibuk* fast zusammenfallen, beschränke ich mich auf die Wiedergabe der wichtigsten Punkte derselben. Cecchi's Nomenclatur für die Strecke *Uaroff* (eigentlich *Had*) bis *Harâr* im Original ist sehr undeutlich gedruckt.

einen sorgfältig gehaltenen Bericht und so viele chorographische und mathematische Daten hinterlassen, dass aus denselben Quido Cora eine Originalkarte der Landschaften zwischen Sela und Harâr zu construiren im Stande war.¹) Giulietti wählte zur Hinreise die Route über *Tokoscha*, *Ambos* und *Abasuen*, die sich mit jener über *Ensa* und *Ellan*, welche etwas weiter gegen Osten verläuft, bei *Laas Uardig* (circa 10 ⁷/₂° lat.) vereinigt und drang durch den Pass von *Dschildessa* gegen Harâr vor, zweigte aber auf der Rückreise bei *Laas Uardig* ab und wählte nach *Sela* die Route über *Ellan* und *Ensa*.

Der Reisebericht Giulietti's enthält eine Fülle von Daten über das Relief der durchmessenen Landschaft und ist mit kleinen Profilzeichnungen und Skizzen von der Hand des Reisenden geziert. Letztere sollen meistens das eigenthümliche, von Trachytpartien durchwellte Landschaftsrelief, dann die dem Boden in ihrem Wuchse sich scheinbar accomodirenden Vegetationsformen illustriren, sind aber leider ausserordentlich spärlich eingefügt. Ueber die Beschaffenheit der von dem rasch ansteigenden Boden dem Meere zueilenden Torrente im ersten Theile der Reise hat Giulietti anschauliche Beschreibungen geliefert ²), ist aber über die Würdigung der einem Laien aufstossenden Objecte auf seiner ganzen Reisetour nicht hinausgekommen. Dagegen lieferte er eine Menge kleiner auf die Eigenthümlichkeit der Vegetation Bezug habender Daten von erheblichem Werthe, wenn er auch zu etwas Zusammenfassenden, von Kritik beherrschten, sich nicht aufzuschwingen vermocht. Dankenswerth ist die Angabe der Populationsziffer der Provinz Harâr, die Giulietti mit 300,000 notirt, wobei er, wie Muchtâr, der Hauptstadt 35,000 Seelen zuschreibt. Die Lage der Stadt Harâr ist anschaulich beschrieben, desgleichen die Höhenzüge und Thalöffnungen in der Nähe der Hauptstadt. Die am Schlusse des Reiseberichtes ausgesprochene Vermuthung des Reisenden, wie die gegenwärtige Form des Bodens von Harâr entstanden sein mochte³), erscheint zu wortkarg, als dass sie genügte. Das wichtigste Resultat der Reise ist die Verarbeitung der spärlichen Daten durch den gewandten Turiner Kartographen zu einem ansprechenden Kartenbilde.⁴)

Giulietti hatte das obbefindliche Itinerar eingehalten; wie es sich zeigt und wie Nady-Pascha der Gouverneur von Harâr, am 23. März

---

¹) Vide *Bolletino della Società geogr. Italiana*, 1881, pp. 425—441 mit der *Carta originale delle regioni Galla, Somali, Adal tra il golfo di Tedjiura e Harar* (Scala 1 : 1,000,000), die nebst Aufsatz zugleich auch in Cora's „Cosmos", VI, 1880. Fasc. IX.

²) *Viaggio di G. M. Giulietti* (1879) im *Bolletino d. Soc. geogr. Ital.*, 1881, pp. 427, 431.

³) *Viaggio di G. M. Giulietti* (1879), im *Bolletino*, 1881, p. 439.

⁴) Cora hat der Karte sehr instructive „*Note Cartographiche*" (*Bolletino d. Soc. geogr. Ital.*, 1881, pp. 441 ff.) beigegeben.

1883 in einer Sitzung der *Société Khédiviale de Géographie* erklärte[1], ist dies der Weg, den die Karawanen gewöhnlich nach Harâr nehmen und zwar wird der Weg über *Abasuen* im Sommer, jener über *Ensa* im Winter genommen.

```
                 Séla.
         Tokoscha     Uarabott
         Bininleg
         Ambos        Mandaa
       Laba Karbadilli
       Dschatelo      Ensa
       Abasuen        Laas Mal
         Miruar       Ellan
         Ellan
         Garbale     Sommedo
         Laas Uardig.
         Dagago
         Bia Caboba
         Zaga Zig
         Dalajmalé
         Cotto (Kutti)
         Garaslee
         Dschildessa-Pass
         Buccuran
         Schêch Serbei
         Belowa
         Ego
         Baccâra
         Harâr.
```

Zu Ende des Jahres 1879 brachte eine ägyptische Zeitung die Nachricht, ein französischer Handelsbeflissener Namens Pinchard habe von *Sela* aus in der Zeit von Mai bis August 1879 über *Harâr* und den *Hawasch* hinauf bis in das Gebiet der Arusi-Galla, deren Wohnsitze südwestlich von Harâr bis nach Gurâge hin sich ausdehnen, eine Reise glücklich ausgeführt, sei von dem Häuptling der Arusi-Galla gütig aufgenommen worden und es habe dieser afrikanische Fürst den Wunsch ausgesprochen, mit Europäern in Handelsverbindung zu treten. Von der Residenz des Häuptlings soll Pinchard in 34 Tagen wieder nach Harâr und an die Küste zurückgekehrt sein mit der Ueberzeugung, dass man die letztere Route *Arussi—Harâr* mit besser organisirten Karawanen in 18 Tagen, die Strecke *Arusi—Sela* in 35 Tagen zurücklegen könne.[2] Etwas Näheres ist über diese Reise nicht bekannt geworden. Doch darf man die Sache für eine Fabel halten, schon aus dem Grunde, weil die *Société Khédiviale de Géographie* in Kairo Daten über eine so bedeutende und interessante

---

[1] Vide die *Proceedings of the Royal Geographical Society*, 1883, pp. 365 f.

[2] Ich schöpfe diese Nachricht aus Petermann's Mittheilungen, 1881, p. 396, und diesen hat der *Phare d'Alexandrie* vom 17. August 1879 als Basis gedient. Bemerken möchte ich, dass mir während meines Aufenthaltes in Kairo Europäer von Touren im Sûdân und Ost-Afrika erzählt haben, die sie gemacht haben wollen, dass deren Erzählungen aber Münchhausiaden glichen.

Tour sich gewiss nicht hätte entgehen lassen, wenn Pinchard am 16. August 1879 wieder in der ägyptischen Hauptstadt anwesend gewesen sein soll, wie berichtet wird. Diese Reisetour wird niemals gemacht worden sein.

Seit von Italien an der Assab-Bai am rothen Meere eine Handelsstation eingerichtet worden ist[1]), von deren Territorium Cora seinen Landsleuten bald eine gediegene Karte geliefert hat[2]), war man auch darauf bedacht, von dieser Station aus durch das Gebiet der Danakil einen practikablen Weg nach Schoa zu finden. Eine directe Verbindung konnte nicht ausfindig gemacht werden. Dagegen gelang es dem Grafen Pietro Antonelli, der 1881 mit Cecchi den Excurs von Uaroff nach Harâr unternommen, durch Verträge mit dem Sultan von Aussa, eine Verbindung der Tadschura-Bai mit dem Unterlauf des Hawasch und Schoa herzustellen. Das Klima der Landstriche an der neuen Karawanenstrasse ist ein gesundes, die Sicherheit eine leidliche. Antonelli hatte zunächst drei Itinerare ausgekundschaftet, welche von *Beilûl* (nordöstlich von Assab), *Assab* und *Tedschura* ausgehend, in *Dihoitâ* am Aussa-See zusammentreffen und von hier längs des Unterlaufs des Hawasch nach *Dané* in Schoa führen.[3]) Der Sultan von Aussa, Muhammed Aufari garantirt den Karawanen volle Sicherheit; dennoch hat Antonelli bei der ersten Begehung der neuen Route 107 Tage gebraucht, konnte jedoch die Rückreise in 37 Tagen vollenden und behauptet, wenn einmal der regelmässige Karawanenverkehr eingeführt sei, werde man von Assab in 20 Tagen Schoa erreichen können. Es soll auch das Flussbett eines Nebenflusses des Hawasch, des *Melli*, auf den einzurichtenden Handelsfahrten benutzt werden. Die geographischen Resultate, welche Graf Antonelli auf seiner Pionnierfahrt erzielt, sind mit Ausnahme einiger ethnographischen Details über die Danakil noch nicht zusammengefasst und herausgegeben[4]), doch dürften sie ziemlich bedeutende sein, weil mit der Einrichtung dieser neuen Verkehrsroute in der That ein völlig neues, bisher noch unbetretenes Gebiet erschlossen worden ist. In Aussa soll eine

---

[1]) Offizielle Daten über Assab enthalten die Schriften: *Assab et les limites de la souveraineté turco-égyptienne dans la Mer Rouge* (Rome 1882), und: *Provedimenti per la costituzione e l'ordinamenti di una colonia in Assab* (Roma 1882).

[2]) *Carta speciale della Baia d'Assab ed adiacenze, costrutta e disegnata specialmente secundo rilievi originali italiani.* Scala: 1 : 250,000 im Cosmos von Cora 1882, vol. V—VI.

[3]) Vide *Bolletino della Società geogr. Italiana*, 1882, fasc. 5—6. Maggio-Giugno.

[4]) Von Antonelli finden sich im *Bolletino della Soc. Geogr. Italiana*, 1883, pp. 414 ff. ein Aufsatz: *Dal giornale di viaggio del Conte P. Antonelli*, ferner Daten: 1883, pp. 523 bis 531; 782—795; 857—880.

italienische Handelsstation eingerichtet werden. Die von den Karawanen zu begehenden Wege sind folgende:[1])

Die Stadt Harâr ward seit dem Besuche Giulietti's im Jahre 1881 von dem Franzosen Lucereau betreten, der sich auch an die Aufgabe machte, die Umgebung der alten Capitale zu exploriren, leider aber bei einem Besuche der südlichen Grenzbezirke zu Uvorobelli durch die Metta-Galla seinen Tod fand. Von seinen Aufzeichnungen ist noch nichts publicirt worden.

Vom 24. März bis 4. April 1882 befand sich der deutsche Reisende John Freiherr von Müller aus Heidelberg auf einer Reise in Harâr. Er wählte von *Sela* aus den östlichen Weg über *Ensa* durch das Gebiet der Gadibursi-Somâl auf der bereits von Giulietti begangenen Route. Sein Itinerar, das reich an chorographischen Daten ist[2]), möge hier schon darum Platz finden, weil Baron Müller sich von der von Giulietti gebrauchten Schreibweise der Namen der Stationsorte und anderer chorographischen Punkte mitunter ziemlich weit entfernt, es jedoch für die Klarstellung der Nomenclatur wichtig, ist zu erfahren, wie ein deutsches Ohr die Somâllautgruppen vernommen und wie ein deutscher Mund sie richtig wiedergeben würde.

---

[1]) Vide die *Itinerari della frontiera scioense al mare secondo informazioni raccolte dal Conte P. Antonelli* (Scala: 1 : 2,400,000) im *Bolletino della Soc. geogr. Ital.*, 1882, Fasc. 5—6.

[2]) Baron Müller's Reisebericht wird unter dem Titel: „Reise durch das Gebiet der Gadabursi-Somâli und Noli-Galla nach Harâr. 24. März—4. April 1882" in der Zeitschrift der Gesellschaft für Erdkunde zu Berlin, Jahrg. 1884 erscheinen. Mir hat der Reisende das Manuscript dieser Arbeit zur Durchsicht überlassen, wofür ich ihm hier den Dank abstatte.

Sela.
Worobod Uscher
Agar Uine
Gebel Munducha
*Henzet-(Hewza-)*Fluss
Chôr Lassmân
Chôr Gala
Chôr Harausi
*Hagáro-*Ebene
Chôr Habóba
(Knotenpunkt von 6 Wegen)
Delama (Delemallú)
Chôr Goddo
*Wordschi-*Plateau
Chôr Geresselai
Chôr Geldésa
Bellba
*Dschaffiana-*Thal
Harâr.

Von Harâr entwirft Baron Müller ein düsteres Bild. Die Bewohnerzahl der Stadt schätzt er auf 20,000 Seelen. Das Leben in Harâr, die Stadt selbst, ihre Lage, die fremden Bewohner derselben und viele andere Umstände finden eine anziehende Schilderung. Das Klima (15—20° C.) ist nach Müller ein gesundes. Die Regenzeit dauert im Lande vom März bis October. An diese Daten schliessen sich noch Schilderungen der Gadibursi-Somâl, der Metta-, Ittu- und Noli-Galla. Mit Baron v. Müller war ein schwedischer Missionär, P. Swenson, nach Harâr gereist, um die Bedingungen einer daselbst zu gründenden schwedischen Mission zu prüfen. Ein anderer Glaubensbote, der wackere Bischof Taurin Cahagne, der aus Abessinien hatte weichen müssen und vom Cabinet in Kairo die Weisung erhielt, einstweilen seinen Sitz in Harâr zu nehmen, hat seine Reise dahin beschrieben und war seither bemüht durch Ausforschung der Eingeborenen ein Stück der von den Reisenden bislang so wenig beachteten Geschichte des interessanten Landes zusammenzustellen.[1] Cahagne's Coadjutor, der Capuziner P. L. Lasserre, hat seine im Jahre 1882 von Sela nach Farré unternommene Reise gleichfalls beschrieben, oder besser gesagt, bloss sein Tagebuch zum Abdruck bringen lassen.[2]

Die französische Handelswelt liess es sich ebenfalls angelegen sein, aus den commerciellen Verhältnissen der nach und nach aus der jahrhundertelangen Passivität heraustretenden Adâl-Länder zu profitiren und hat durch die Acquisition des Hafens von *Obock* am Golf von Aden eine sichere Operationsbasis gewonnen. Selbstverständlich werden von Seiten der Franzosen dieselben Zwecke verfolgt, wie sie

---

[1] *Voyage dans le pays de Galla d'Aden à Harrar* in den *Missions catholiques*, 1881, No. 630 ff. *Bolletino d. Soc. Geogr. Ital.*, 1883, pp. 520—523; 1882, No. 677 f. und Mittheilungen der geographischen Gesellschaft zu Jena, 1882, I, No. 2, pp. 79—86.

[2] *Missions catholiques*, 1883, pp. 550—552; 561 f. Der Artikel wird noch fortgesetzt.

die Italiener anstreben. Einen Vorstoss von Obock nach Schoa hat der Sâharâ-Reisende Paul Soleillet gemacht und den Weg dahin auf der Karawanenstrasse von *Tadschura* nach *Ankober* zurückgelegt. Neues konnte der Reisende nur sehr wenig berichten.[1]) Indessen scheinen die Franzosen ihre Handelspläne in diesem Theile Afrika's mit allem Nachdruck verwirklichen zu wollen. Denis de Rivoyre hat eine Gesellschaft: *Factoreries françaises du Golfe Persique et de l'Afrique orientale* begründet[2]) und Solleilet mit Brémond geben sich alle Mühe einen Theil des Handelsverkehrs von Schoa, wo auch bereits eine französische Handelsstation begründet ist, nach Obock abzuleiten. Wissenschaftliche Ergebnisse der darauf bezüglichen Thätigkeit sind noch nicht zu verzeichnen.

Für die italienische Handelsspeculation blieb Assab, Aussa und Schoa nicht das alleinige Terrain, sondern man hat die Bedeutung der alten Handelsmetropole Harâr, an der Pforte zur Somâlhalbinsel, in mancher Beziehung an dem Eingang nach dem Inneren Nordost-Afrika's überhaupt, mit Scharfblick erkannt und durch Verlegung einer Handelsstation dahin hat die rührige Mailänder *Società d'esplorazione commerciale in Africa*, an deren Spitze Capitän Manfred Camperio steht, einen sehr glücklichen Griff gethan. Man hat übrigens in Italien über einen förmlichen commerciellen Feldzugsplan gegen das Innere Nordost-Afrika's berathen. Constantino Gregori lenkte die Aufmerksamkeit[3]) auf drei Wege, welche von Handelskarawanen begangen werden sollten, „*La prima partirebbe*", schrieb er, „*da Tegiurra o da Zeila o da Berbera e penetrebbe per l'Harâr nello Scioa, donde si potrebbe discendere lungo la vallata dell' Hauash, ovvero rimontare l'Abissinia e di qui piegare ad oriente nella regione degli Afâr. Un' altra via*", fährt er fort, „*sarebbe quella di Massaua per il Tigré, la terza moverebbe da Khartum*". Es lässt sich wohl behaupten, dass es noch eine geraume Zeit dauern werde, bis man das in's Auge gefasste Territorium commerciell werde auch nur oberflächlich exploitirt haben.

---

[1]) Vgl. das *Bulletin de la Soc. Normande de Géographie*, 1883, pp. 207 - 216; 249 bis 264; 296—299.

[2]) Siehe desselben *Obock, Mascate, Bouchire, Bassarah*. Paris 1883 (mit Karte) und D'Abbadie's „*Oboq*" im *Bulletin de la Société de Géographie commerciale de Bordeaux*, 1883, p. 505 f.

[3]) *Conferenza del 29. giugno 1882* im *Bollettino de la Soc. geogr. Italian.*, 1882, pp. 521 ff. Vgl. auch Camperio's *Società d'esplorazione commerciale in Africa*, Mailand 1883, während in den *Conferenze tenutesi in Milano nel 1883 presso la Società d'esplorazione commerciale in Africa* (Milano 1883) nur Allgemeines über italienische Bestrebungen in Afrika sich findet.

Wissenschaftliche Resultate werden dann bald in Fülle zu gewinnen sein.

Indessen hat schon auf dem Handelsposten von Harâr in neuester Zeit ein wackerer Italiener Pietro Sacconi auch der Wissenschaft Dienste geleistet, noch bedeutendere aber im Auge gehabt, wenn ihm das Glück günstig gewesen wäre. Mit der Somâl-Sprache vertraut und durch einen neunmonatlichen Aufenthalt in Harâr an den Verkehr mit den Eingeborenen gewöhnt, machte sich Sacconi zunächst daran, die südöstlichen, südlichen und westlichen Grenzbezirke des Landes, die noch von keinem europäischen Reisenden betreten waren, zu erforschen. Ein erster Excurs galt im Frühjahre 1883 dem Besuche des kleinen *Aramoja-* und *Ahdelli*-Sees, dem Gebiete der *Abodo*-Galla, namentlich dem Thale *Arobojota* im Westen von Harâr, also derselben Gegend, nach welcher Lucereau ausgezogen war, um in das Gebiet der Ittu-Galla zu gelangen. Zweck dieses Ausflugs war, Klarheit zu erlangen, ob die Heerschaaren König Menelik's heranziehen, wie in Harâr ausgesprengt worden war.[1]) Doch eine viel bedeutendere Aufgabe zu lösen schickte sich Pietro Sacconi an, nachdem er noch über das ägyptische Regiment und die Handhabung der Herrschaft zu Harâr interessante Details nach der Heimat berichtet[2]), nämlich zu dem Besuche des im Inneren der Somâlhalbinsel gelegenen Landes Ogaden, dem „*paradiso dei Somali*", wie er es nennt, dem von Haggenmacher angestrebten, aber nicht erreichten Ziel. Ogaden soll nach den Erzählungen der Somâl eine reiche, bewaldete, vom Flusse Uobi bewässerte Gegend sein. Sacconi brach am 9. Juli 1883 mit einer kleinen Karawane gegen Südosten von der Stadt Harâr auf[3]), durchzog das Gebiet der *Babili, Warra Eban* und kam nach *Karanlé*, sich beständig auf einem Terrain von gleicher Seehöhe wie Harâr (1500 m) bewegend. Die ferneren von seinem Diener Jassin angegebenen Stationspunkte waren: *Rer-Hersi, Malka-Dogai-Madu,* das Thal *Sulul, Hamer Her Ramadin (Kora-Nadden), Kora Nagott.* Im Sulul-Thale befand sich der Reisende nur mehr acht Tagereisen vom *Uobi*, wurde aber in der Nähe von Kora Nagott getödtet und sein Tagebuch verbrannt. Sacconi brannte vor Begierde, die italienische Tricolore als der erste an den Ufern des mysteriösen Uobi aufzupflanzen und hörte nicht auf die Warnung der Somâl-Häuptlinge, die Stämme des Landes befänden sich im Krieg, es sei unmöglich, weiter zu kommen.

---

[1]) Vgl. *Stazioni di Harar* im *Esploratore*, 1883, pp. 106 ff.; „*Nei Galla*" im *Esploratore*, 1883, pp. 308 ff.
[2]) Vgl. *Il governo egiziano e i tribù Galla e Somali* im *Esploratore*, 1883, pp. 169—173
[3]) Vgl. *Esploratore*, 1883, pp. 375—379.

Die Reise Pietro Sacconi's nach Ogaden ist die neueste auf dem Territorium von Harâr durchgeführte wissenschaftliche Unternehmung. Es möge noch erwähnt sein, dass der durch seine Reisen an der nördlichen Somâl-Küste bekannte Franzose Georges Révoil vom Juba her nach dem Inneren der Somâlhalbinsel aufgebrochen war, auch bereits *Ganana*, nördlich von Berbera erreicht hatte und sich von da entweder nach Schoa oder nach Harár zu wenden gedachte, aber wieder an die Küste zurückgekehrt ist.

Commercielle Beziehungen französischer Handelshäuser zu Harâr ermöglichten in allerjüngster Zeit die Sammlung einiger nicht unwichtiger Daten über das mysteriöse Ogaden oder Ogadin.[1]) Der Franzose Arthur Rimbaud berichtete[2]) an die Pariser geographische Gesellschaft über die Wahrnehmungen des griechischen Händlers Sottiro, der auf einer Handelsreise zu derselben Zeit wie Sacconi bis an die Grenze von Ogaden gelangt war, Ogaden sei der Name einer Verbindung von Somâl-Stämmen, deren Wohnsitze im Süden, Osten und Südosten der Habr Gerhadschi, Dulbohanten, Midschertin und Hawia sich befinden und deren Gebiet im Westen an jenes der Arusi- oder Orusi-Galla grenze. Zwei Wege führten von Harâr nach dem Gebiete der Ogadin, ein südlicher über *Herer*, *Babili*, das Gebiet der *Warra Heban* und *Hawia*, ein östlicher über *Bursuk* und *War 'Ali*. Das Land sei ein Plateau von circa 900 Meter mit steppenartigem Charakter, von Hirten bewohnt, vom *Wabi*, *Fafan*, *Herer* und *Dokhta* durchströmt und selten ausgiebigen Regenfall aufweisend. Rimbaud schildert mit wenigen Worten auch die Sitten der Bewohner. Der Bericht ist, wiewohl knapp, doch von grosser Wichtigkeit, als auf den Aussagen eines Augenzeugen basirend und die allgemeinsten Verhältnisse des Landes in grossen Zügen umfassend.

[1]) In neuester Zeit schreibt man *Ogadine* (französisch) für das früher gebrauchte *Ogaden*, *Ugadihn* oder *Ugaden*. Es fehlt jeder Anhaltspunkt, die richtige Form und Schreibweise des Namens festzustellen.

[2]) *Rapport sur l'Ogadine, par M. Arthur Rimbaud, agent de MM. Mazeran, Viannay et Bardey, à Harâr (l'Afrique Orientale)* in dem *Compte rendu des séances de la commission centrale* der *Société de Géographie de Paris*, 1884, No. 3, vom 1. Februar 1884, pp. 99—103.

VIII.
Zweck und Ziele der Expedition des Dr. Dominik von Hardegger.

Aus den vorstehenden Darlegungen dürfte einleuchten, dass unser geographisches Wissen von den Adâl-Landschaften und Harâr grösstentheils nur ein unvollkommenes, stückweises sei. Keiner der vielen Reisenden, die nach diesem Theile von Ostafrika ihre Schritte gelenkt, hat speciell den Plan gehabt, in den Adâl-Ländern oder Harâr systematisch zu forschen oder zu sammeln. Die Reisenden der ersten Periode suchten mit raschen Schritten die Adâl-Länder zu durcheilen; selbst den italienischen Forschungsreisenden der neuesten Zeit scheinen wir nur darum nähere geographische Daten zu danken, weil ihnen ein rasches Vordringen nach Schoa nicht gegönnt, dagegen um so mehr Musse geblieben war, sich auf den vielen Haltestationen und Wartepunkten tüchtig umzusehen. Nach Harâr führten Burton und die jüngsten Pionniere fast ausschliesslich Handelsinteressen, die ägyptischen Heere die Lust oder das Bedürfniss zu erobern. Was für die Wissenschaft gewonnen wurde, trägt naturgemäss das Gepräge der Intentionen der einzelnen Reisenden. Im Allgemeinen lässt sich aber sagen, dass nach den Principien der modernen geographischen Wissenschaft weder in den Adâl-Ländern noch in Harâr erheblich geforscht worden ist.

Der Zweck der Expedition des Doctors der Heilkunde und Gutsbesitzers Dominik von Hardegger aus Grusbach in Mähren ist ein dreifacher: in erster Linie gilt er der Erforschung des Gebietes zwischen *Sela* und *Harâr*, dann jener der Stadt und Umgebung von *Harâr* in geographischer Beziehung, endlich, wenn die Verhältnisse günstig sind, einem Vordringen in das Binnenland der Somâl, vornehmlich nach *Ogaden* oder einem Durchbruche durch die Adâl-Länder nach *Schoa*. Die Expedition begibt sich im Herbste 1884 über *Aden* nach *Sela* und von dieser Stadt aus auf dem östlichen, im Winter gangbaren Wege über *Uarabot, Mandâ Ensa, Ellau, Lâs Uardig, Dalaimalê* und *Garaslê* nach *Harâr*. Die westlich von der angeführten verlaufende

Strasse über *Abasuen* und *Ambos* soll eventuell auf der Rückreise begangen werden. An den wichtigeren Punkten dieser Route, so in *Mandâ*, wo die zunehmende Bodenerhebung schon fühlbar wird, in *Ensa*, in dem Thale von *Ellan*, in *Biakaboba (Biakabonba)*, wo sich die beiden Karawanenstrassen vereinigen, in dem verhältnissmässig volkreichen *Abasuen*, am Eingange in den Pass von *Dschildessa* soll Halt gemacht und Excursionen in das Gebiet der Gadibursi- und Isa-Somâl unternommen werden. Namentlich von *Garaslé* am *Dschildessa*-Pass soll der Lauf des *Garaslé* eine beträchtliche Strecke in das Gebiet der Ittu-Galla verfolgt werden, in der Nähe von Harâr selbst der Verlauf der Wasserscheide zwischen dem indischen Ocean und dem Gebiete der Seengruppe von Aussa constatirt werden. Von der Stadt Harâr aus soll zunächst eine Excursion in das Thal des nach Süden abfliessenden *Erar*-Flusses unternommen und der Lauf desselben eine möglichst weite Strecke verfolgt werden. Eine zweite Excursion soll dem am Fusse des durch Burton bekannt gewordenen *Gurais* entspringenden *Tuk Fafân* gelten und dessen Lauf eine möglichst weite Strecke verfolgt werden. Im Nordwesten der Stadt Harâr befindet sich ein kleiner Seencomplex, die Seen von *Abbaddu*, den zu erforschen sich Lucereau und P. Sacconi alle Mühe gegeben. Dieselben sollen untersucht, aufgenommen und womöglich das Hauptbecken im Gebiete der Ittu erreicht werden.

Die angedeuteten Querzüge und Excursionen können aber erst eine Bedeutung erlangen, wenn mit denselben eine sorgfältige topographische Aufnahme, mathematische Ortsbestimmung, naturwissenschaftliche, namentlich geologische, botanische und zoologische Studien über alle sich darbietenden Objecte, meteorologische Beobachtungen und anthropogeographische Erhebungen im weitesten Umfang Hand in Hand gehen.

Um dem ersten der berührten Punkte gerecht zu werden, soll vor allem eine nochmalige, wenigstens durch vier bis fünf sorgfältige Beobachtungen erhärtete Längen- und Breitenbestimmung von Sela vorgenommen und dadurch eine gründliche Basis für alle folgenden Bestimmungen gewonnen werden. Alle bedeutenden Punkte der Route nach Harâr, so namentlich *Abasuen*, von wo aus im Anschluss an die Route von Antinori, Chiarini und Martini das auf einer steinigen Hochfläche gelegene *Ferad* zu erreichen getrachtet werden soll, und wenn möglich der östlichste im Gebiete der Gadibursi auf der Route Burton's gelegene Punkt erreicht, dann die Plätze *Ensa*, *Ellan*, *Biacaboba*, *Garaslé* und andere nach ihrer mathematischen Position genau bestimmt werden. Die Endpunkte der von Harâr aus unternommenen Excursion nach Südosten und Nordwesten sollen gleichfalls astronomisch festgestellt werden.

Im Vereine mit diesen mit möglichst grosser Präcision auszuführenden Arbeiten werden sorgfältige Höhenbeobachtungen gemacht werden. Es wird sich namentlich darum handeln, das aus dem Goban rasch ansteigende Terrain in dessen vertikaler Zunahme bis zu der Stufe zu beobachten, wo die Hochfläche eine mehr oder weniger constant bleibende Erhebung aufweist, dann auch die Undulationen derselben zu beobachten, um ein übersichtliches Bild der Configuration des Bodens zu gewinnen. Eine Besteigung der an die Karawanenroute hart herantretenden isolirten Bergzüge, so die des *Elas, Enfurlaba, Goba* u. a. m. in Begleitung von der Gegend kundigen Führern, wird sicherlich dazu führen, die Physiognomie des Landes sichten und erfassen zu können. Eine continuirliche Ablesung der Aneroide oder Experimente mit Siedepunktthermometern sind in diesem Theile Ostafrika's zumeist wohl wegen der von den Reisenden zurückgelegten forcirten Märsche, noch niemals gemacht worden, wie denn auch von der Strecke *Sela—Harâr*, mit Ausnahme der Endpunkte derselben, keine astronomischen Bestimmungen vorliegen. Die Seehöhe von Harâr differirt nach den Angaben von Giulietti und Cecchi um mehr als 200 Meter. Wenn man den Höhenmessungen eine erhöhte Sorgfalt zuwendet, so lässt sich ohne Zweifel genaues Material ermitteln.

Für die beschreibenden Naturwissenschaften bietet sich auf dem Territorium zwischen Sela und Harâr ein reiches Arbeitsfeld.

Was zunächst die geologischen und geognostischen Verhältnisse betrifft, so besitzen wir allerdings von Giulietti Wichtiges darüber, aber es sind dies nur wenige ebenso knappe als rohe Umrisse allgemein landschaftlicher und geologischer Terrainbeschreibung. An den fünf Miniaturskizzen in Giulietti's Berichte über die überhastete Tour lässt sich Typisches, Charakteristisches nur wenig erkennen. Es wird daher Aufgabe der Expedition sein, zunächst die Physiognomie des Landes der *Isa, Gadibursi* und *Harari* sorgfältig zu studieren, die typischen Formen der vulkanischen Bildungen von *Mandâ* und anderen Punkten, die Erosionserscheinungen der Torrente, die Beschaffenheit der zahlreichen Chôrs, die Gebirgsbildung zu beschreiben und das besonders Typische durch photographische Bilder und gute Handzeichnungen zu erfassen. Neben der Beschreibung der Formen der Bodenbildung soll die Erforschung der Bodenmaterie und ihrer Tektonik durch Sammlung reichen Materiales für eine geologische Karte der durchreisten Gegend gewonnen und Gesteinsproben mit in die Heimat gebracht werden. Bei einem Lande von vulkanischer Beschaffenheit bietet neben der Bodenbildung auch das Studium der Bewässerung vieles Interesse. Wo keine perenne Berieselung des Bodens sich findet, wie das zwischen Harâr und Sela zum grössten Theil der Fall ist, dürfen die Erscheinungen der subterranen Wasseransammlung an den Birs (Quellenbildung, Beschaffenheit des Wassers, Infiltration und andere Momente) dem Auge des wissenschaftlichen Beobachters nicht entgehen.

Das botanische Feld ist sozusagen gar nicht bepflügt. Das Gebiet zwischen Sela und Harâr hat, wie sich aus dem Vergleich der Nachrichten fast aller Reisenden auf der Somâlhalbinsel ergibt, denselben allgemeinen terrestrischen Charakter, wie das Land der Somâl überhaupt und fällt in klimatischer Beziehung in das Gebiet der Monsun-Regen, wie der grösste Theil der Ostküste Afrika's. Aus diesen Coincidentien lässt sich jedoch nur auf die allgemeinsten Züge der Flora des Gebietes schliessen, die eine ähnliche sein wird, wie sie Hildebrandt und Révoil an der Nordseite der Somâlhalbinsel beobachteten. Bei der botanischen Detailerforschung werden sich aber gewiss interessante Thatsachen ergeben. Auch der Vergleich der Flora der Ebene am Meere, der vulkanischen Hochfläche und der noch völlig unbetretenen Gebiete im Osten, Süden und Westen von Harâr müsste in botanischer Beziehung interessante Resultate liefern. Aufgabe der Expedition wird es daher sein, dem Pflanzenkleide des zu bereisenden Gebietes besondere Aufmerksamkeit zu schenken und ein umfassendes Herbar anzulegen, dessen Inhalt nach der Rückkehr in die Heimat fachmännisch verarbeitet werden soll. Selbst die Schlüsse auf die Beschaffenheit der fossilen Flora werden vielleicht aus Kennzeichen auf einer vulkanischen Hochfläche gezogen werden können. Der Cultur und Verbreitung des in der Umgebung von Harâr prächtig gedeihenden und ein vortreffliches Product liefernden Kaffeebaums, soll gleichfalls ein Augenmerk geschenkt werden.

Dass ein als ausgezeichneter Waidmann über die Grenzen seiner Heimat weit hinaus bekannter Theilnehmer an der Expedition, wie es Herr von Kammel-Hardegger ist, den schon einmal waidmännische Interessen nach Aegypten und Syrien geführt, der Erforschung der zoologischen Verhältnisse mit Eifer obliegen wird, ist selbstverständlich. Schon zur Zeit der Ptolemäer waren die Landstriche am Golf von Aden ein Jagdgebiet ersten Ranges, wo selbst die grossen jagdbaren afrikanischen Thiere bis zum Elephanten, Strauss und Löwen auf die Decke gebracht wurden. Peter Sacconi meldete von Harâr, dass in der Umgebung der Stadt noch heute der Löwe gejagt werde, kleinere

Raubthiere gar nicht gerechnet. Ogaden, freilich ferne von Harâr, birgt zahlreiche Elephantenheerden. Die Ornis der Umgebung von Harâr soll nach Sacconi noch viele unbekannte Arten enthalten. Auf das Zustandekommen einer ziemlich reichhaltigen zoologischen Sammlung will Herr von Hardegger viel Mühe und Geld verwenden. Die erlegten Exemplare der Thierwelt, die er zu conserviren gedenkt, werden die ersten aus dieser Gegend Ost-Afrika's sein, die nach Europa gebracht werden. In wissenschaftlicher Beziehung soll nach dem Wunsche des Leiters der Expedition, kein Moment unbeachtet gelassen werden, dessen Erforschung die Kenntniss der ostafrikanischen Subregion im Sinne von Alfred Wallace, namentlich der Mammalia, Vögel, Reptilien und Insecten zu fördern vermöchte. Ob es auch gelingen wird, Studien über die Eigenart, das Leben und Vorkommen der jagdbaren Thiere in diesem Theile von Ostafrika, denen sich Herr von Hardegger in waidmännischem Interesse, so weit es die Zeitumstände erlauben werden, hinzugeben gedenkt und die viel Zeit und Mühe erfordern, zu machen, wird von dem günstigen Fortgange der Expedition abhängig sein.

Die Meteorologie und Klimatologie der zu bereisenden Gebiete liegt ganz darnieder. Die Wissenschaft besitzt nicht einmal eine einjährige Beobachtungsreihe der meteorologischen Verhältnisse von Sela oder Harâr, wiewohl der erstere Punkt so viel Jahre von europäischen Reisenden frequentirt und Harâr selbst seit sieben Jahren von ägyptischen Waffen besetzt gehalten und regiert wird. Es will uns bedünken, dass man Gerhard Rohlfs' Ausspruch, es gebe auf der ganzen Mittelmeerküste von Algier bis Alexandria kein einziges Baro- oder Thermometer, mit Recht auch für die Strecke von Suez bis Guardafui für giltig erklären könne. Deshalb hat sich die Expedition zur Aufgabe gemacht, zunächst geeignete Instrumente für meteorologische Beobachtungen in Sela und Harâr in verlässliche Hände zu legen und eventuell gegen pekuniäre Entschädigung eine wenigstens einjährige Temperatur-, Feuchtigkeits- und Windstärke-Beobachtungsreihe durchzusetzen. In Sela dürfte für den beabsichtigten Zweck eine Kraft aus dem Kreise der zahlreichen Handelsbeflissenen, in Harâr aus dem Kreise der dort selten wechselnden Offiziere der Garnison gefunden werden können. Die Expedition selbst wird während der ganzen Reise darauf bedacht sein, Thermo-, Baro- und Psychrometer wenigstens zweimal des Tages abzulesen, die Bewölkung zu beobachten und sich über die Wirkungen der Monsune, den Eintritt, Wechsel und die Wirkung der Regenzeiten, über die Regenmengen, über erstere durch eigene Beobachtung, über letztere durch genaue Ausforschung verlässlicher Einborener unterrichten. Die Erfüllung dieser Aufgabe wird ohne Zweifel interessante Details und Schlüsse für die Wissenschaft ergeben.

In ethnologischer und ethnographischer Beziehung bleibt vor allem die Anforderung, über die somatische Beschaffenheit der Galla und Somâl, welche das Gebiet zwischen Sela und Harâr bewohnen, sorgfältig zu forschen und in sprachlicher Beziehung, wo über die Galla und Somâl im Allgemeinen schon vielerlei Daten vorliegen, Lücken zu ergänzen. Behufs sorgfältiger Fixirung der somatischen Beschaffenheit der Galla und Somâl werden möglichst zahlreiche photographische Aufnahmen von Eingeborenen-Typen beider Stämme angefertigt. Die Buchta'schen Typenbilder vom oberen Nil sollen bei dieser Arbeit zum Muster genommen werden. Prof. Hartmann in Berlin hat namentlich Somâl-Typen (2 in den „Nigritiern", Tafel 13 und 28, und 14 in dem Werke „Abyssinien", pp. 182—192) publicirt und Guillain, von der Decken, dann Révoil sich alle Mühe gegeben, die körperlichen Eigenthümlichkeiten der nördlichen Somâl zu schildern. Es lässt sich jedoch nicht leugnen, dass nur eine bedeutende Serie zunächst von Bildern in möglichst grossem Maassstabe, dann aber Körpermessungen, an vielen Individuen mit Genauigkeit vorgenommen, dazu führen werden, den Typus der nördlichen Galla und Somâl zu erfassen. Die Expedition wird auch darauf bedacht sein, Schädelmaterial von Gallas und Somâl zu erwerben, und was ethnographische Schilderung betrifft, Reichhaltiges zu bieten und das um so mehr, als zur Wahrnehmung sprachlicher Eigenthümlichkeiten ein jahrelanger Aufenthalt im Lande erforderlich ist und selbst eine fruchtbare Sammlung linguistischen Materiales, das nur dann erhöhten Werth haben wird, wenn die Flexion und Syntax an ganzen Sätzen und Gesprächen studirt werden kann, sehr viel Zeit erfordert — beides Momente, die nicht immer in gewünschter Weise zu Gebote stehen. Ein Punkt von hervorragendem ethnologischem Interesse scheint dem Verfasser in der Bestimmung der Grenze der Somâl- und Gallabezirke zu liegen. Es wird sich ohne Zweifel ermitteln lassen, wo gegenwärtig die ungefähre Grenze zwischen Somâl und Galla in dem Gebiete zwischen Harâr und Sela verläuft, ob sie Schwankungen unterliegt und welche Geschichte diese wiederum haben. Auch die ethnologische Gliederung der Galla- und Somâlstämme und deren territoriale Abgrenzung wird die Expedition beschäftigen, weil man bis heute lediglich die Namen vieler Stämme besitzt. In dieser Beziehung soll wenigstens das Wissenswürdigste über die Isa, Gadibursi, Noli- und Ittu-Galla bestimmt werden. Populationsschätzungen sind natürlich bei der Lösung dieser Aufgabe unerlässliches Postulat und sollen stets gemacht werden. Ueber die Sanitätsverhältnisse und die Mortalität der Galla und Somâl will der Leiter der Expedition als Arzt specielle Beobachtungen anstellen. Sammlungen von ethnographischen Gegenständen, Kunst- und Industrieproducten bei den Gallas und Somâl werden in umfassendem Maasse angestellt und in die Heimat gebracht werden. Auch hier soll die Photographie über manche Schwierigkeit hinüberhelfen.

Gelingt es der Expedition, die Mehrzahl der angeführten Aufgaben zu erfüllen, was bei gehöriger Ausnützung der Zeit und bei fleissigem Thun um so eher möglich ist, als man mit klimatischen Schwierigkeiten, sobald von Sela aus das höher gelegene Terrain bald zu erreichen getrachtet wird, nach Versicherung aller Reisenden in keinerlei Weise zu kämpfen hat, so will die Expedition das zweite Ziel anstreben, die Stadt Harâr und deren nächste Umgebung, soweit das Harraî gesprochen wird und die Beziehungen der Stadt zum Lande reichen, in jeder Beziehung gründlich und umfassend zu erforschen.

Zunächst gilt es, die Position von Harâr durch eine Reihe von Beobachtungen möglichst genau zu bestimmen. Dieselbe ist nach:

Burton 9° 20' 00" N. lat.   Krapf 9° 25' 00" N. lat.
42° 17' 00" E. long. v. Gr.   42° 07' 00" E. long. v. Gr.
Cruttenden 9° 22' 00" N. lat.   Harris 9° 24' 00" N. lat.
42° 35' 00" E. long. v. Gr.   42° 22' 00" E. long. v. Gr.

August Petermann schätzte dieselbe im Jahre 1856 auf 9° 40' 00" N. lat. und 42° 00' 00" E. long. von Greenwich.

Muhammed Muchtâr berechnete:
9° 22' 48" N. lat.   Cecchi: 9° 18' 00" N. lat.
42° 20' 15" E. long. von Greenw.   41° 43' 00" E. long. von Greenw.

Somit sind die Variationen der Berechnungen der drei Reisenden, die in Harâr gewesen, ziemlich bedeutend, während die Angaben der drei ersteren, nämlich Krapf's, Harris' und Cruttenden's, die Harâr niemals betreten haben, keineswegs in Betracht kommen können. Auch die Seehöhe gibt Muchtâr mit 1701 Meter an, während Cecchi 1500 Meter gemessen hat. Es wird sich auch empfehlen, den Gipfel des Harâr benachbarten, angeblich 1940 Meter hohen Berges Hâqqim zu messen, dessen Position genau zu bestimmen und mit den Positionsbestimmungen in der Umgebung der Stadt in Correspondenz zu bringen.

Man muss Pietro Sacconi beistimmen, wenn er sagt: *„per verità questa popolazione merita d'essere studiata"*, wie wohl durch Burton, Muhammed Muchtâr und Giulietti schon Manches über die Bewohner von Harâr, deren Sitten und Sprache auf uns gekommen ist. Zunächst verdient die Sprache des Volkes, das Hararî, nach Friedrich Müller's sachkundigem Urtheil ein rein semitisches Idiom, ein umfassendes Studium. Der Verfasser will sich in dieser Beziehung anstrengen, einen möglichst grossen Theil des Sprachschatzes des Hararî zu codificiren, vor Allem aber in Harâr selbst nach historischen Erzeugnissen in dieser Sprache, die zu einer Zeit als Harâr blühte, ein weites Sprachgebiet gehabt haben muss, zu forschen und etwaige noch im Gedächtnisse des Volkes lebende Lieder und Sagen aufzugreifen. Zu diesem Zwecke hat er sich mit dem Hararî, soweit eben Lernbehelfe vorhanden sind, beschäftigt und hofft auch Europäer, welche Interessen in dieser ostafrikanischen Capitale festhalten, zur Sammlung und Codificirung des Sprachschatzes des Hararî zu bewegen. Die Stadtbewohner von Harâr scheinen, wiewohl dies von Reisenden, die unter ihnen verweilt, nirgends angeführt wird, von ihren Nachbarn, den Galla und Somâl, nicht bloss in linguistischer, sondern auch in somatischer Beziehung verschieden zu sein. Eine Untersuchung dieser Frage, mag interessante Resultate zu Tage fördern. Die genaue Feststellung der Populationsziffer für die Stadt (Muchtâr gibt 35,000 Seelen an, Burton nur 15,000) und das Land (nach Muchtâr beträgt diese 300,000) wird die Expedition gleichfalls beschäftigen.

Ein Gegenstand von hervorragendem Interesse ist die Geschichte Harâr's. Wir danken nur Muhammed Muchtâr einige historische Notizen über das ehemalige Reich von Harâr und was pp. 39—42 dieses Schriftchens sich findet, ist Alles, was sich an geschichtlichen Daten heute zusammenstellen lässt, wobei natürlich bemerkt werden muss, dass zu einer kritischen Abfassung auch des kleinsten Excurses über dieselben alle soliden Bausteine fehlen. Von grosser Wichtigkeit sind in Harâr selbst gefundene Aufzeichnungen historischen Inhalts, deren eines Muchtâr nach Kairo gebracht, ein anderes der französische Handlungsreisende Pierre Bardey nach der Angabe Pietro Sacconi's an die Pariser Akademie geschickt hat. Von einer Verwerthung des Inhaltes dieser Bücher, deren es in den Moscheen von Harâr noch einige geben mag, verlautet noch nichts. Dagegen hat der apostolische Vicar des Galla-Landes, P. Taurin Cahagne, verlässliche alte Einwohner der Stadt Harâr über die Geschichte des Staates auszuforschen begonnen, eine lobenswerthe Thätigkeit, welche die Expedition nach Möglichkeit fortzusetzen bestrebt sein wird. Wenn thunlich, wird die Expedition die Erwerbung von Büchern über Harâr betreiben, die in einer Capitale muslimischer Gelehrsamkeit, welche die Stadt ehemals gewesen, vielleicht noch vorhanden und käuflich sein werden.

Das Leben und Treiben in der Stadt, die Alterthümer und Merkwürdigkeiten derselben, den Fortschritt der abendländischen Cultur, der unter der Knute der Baschi-Bozuks allerdings nicht gross sein wird, Harâr's Bedeutung als commercieller Mittelpunkt, sollen volle Aufmerksamkeit und allseitige Würdigung erfahren. Im Bezug auf commercielle Exploitation des Platzes kann die Expedition zwar keinerlei Mandat übernehmen; allein auch diese soll nicht übersehen werden. Die vaterländische Flagge segelt zahllose Mal an der Küste dieser afrikanischen Region vorüber nach Indien und Ostasien, und Triestiner Händler befassen sich von Aden aus mit dem Handel von Sela und Harâr und die Münzeinheit mit dem Bildniss der grossen Kaiserin gleitet auch hier durch die Finger des Galla, Somâl und Hararî; für Oesterreicher nicht uninteressante Wahrnehmungen werden sich also auch auf dem Gebiet der Beobachtung dieser Erscheinungen ohne Zweifel machen lassen. Ob das Bekehrungswerk der Galla und Somâl in den Händen der französischen und italienischen Missionäre gedeiht, wird sich durch einfache Wahrnehmung ergeben.

Sind die Angelpunkte der beschriebenen zwei Hauptaufgaben erreicht oder bietet sich vielleicht schon früher eine günstige Gelegenheit von Harâr aus weiter binnenwärts in die Somâl-Länder zu dringen, so soll es die Expedition versuchen das Land Ogaden welches als ein sehr fruchtbares und bevölkertes Gebiet — das Paradies der Somâl — geschildert wird, zu erreichen trachten und in der glücklichen Erreichung und Erforschung dieses mysteriösen Landes würde die dritte Aufgabe der Expedition bestehen. Sollte dies ein Ding der Unmöglichkeit sein und sollten sich die der Ausführung eines Besuchs von Ogaden entgegenstellenden Hindernisse schon in Harâr früher absehen lassen, so würde die Expedition eventuell auch darauf reflectiren, von Harâr an den Hawasch zu gelangen und diesen, nachdem Ankober berührt worden ist, bis zu seiner Einmündung in den Aussa-See zu verfolgen und dann auf der jüngst begangenen Karawanenstrasse von Aussa nach Assab ihre ostafrikanische Tour beschliessen.

Die Erreichung von Ogaden wäre eine geographische That von bedeutender Wichtigkeit und Tragweite. Man wäre im Centrum der Somâlhalbinsel und könnte mit einem Male über die Verhältnisse der unbetretenen grossen ostafrikanischen Peninsula Gewissheit erlangen, abgesehen von anderen interessanten Daten, welche die Erforschung des Kernlandes der Somâl liefern müsste. Es unterliegt nun wohl keinem Zweifel, wie Dr. Schweinfurth in einem Briefe an den Verfasser meint, dass man von Harâr aus auf sicherer Basis weit in das

Binnenland der Somâl vordringen könne, wenn man consequent die Rolle eines Kaufmannes spielte und mit einer Karawane fortzöge. Den friedlichen Verkehr scheinen im Inneren der Somâlhalbinsel beständig währende Fehden zu trüben. Kämpfe der Eingeborenen unter einander verhinderten das Vordringen Haggenmacher's auf der nördlichen nach Ogaden führenden Karawanenstrasse und Bürgerkriege führten den Tod Pietro Sacconi's herbei, der von Harâr aus nur mehr wenige Stunden von den Grenzmarken Ogaden's entfernt war. Der erstere bewegte sich zu eigenem Schaden nicht auf der Hauptkarawanenstrasse, die von Berbera über Sela und Ghoraweina nach Melmil, dem bedeutendsten Punkte an der Nordseite Ogadens, führt, der letztere unternahm das Wagstück, sich der unzuverlässigen Führung einer aus Angehörigen verschiedener Stämme zusammengesetzten Truppe anzuvertrauen und die Mahnungen wohlwollender Häuptlinge nicht zu beachten, sich natürlich, da eine häufig begangene Karawanenstrasse von Harâr in südöstlicher Richtung direct nach Ogaden nicht zu führen scheint, immerfort auf unsicherer Basis weiterbewegend.

Würde die Expedition den Vorstoss nach Osten zu unternehmen in der Lage sein, so könnte dies, so viel kann als feststehend angenommen werden, nur im Anschlusse an eine nach Ogaden abgehende Handelskarawane geschehen, deren Ansehen in den Augen der Somâl 20—30 Feuerschlünde verschiedener ausgezeichneter Systeme der Expedition gewiss nur heben würden. Waaren sind in Aden und selbst in Harâr unschwer zu beschaffen. Leider fehlen uns bislang noch alle Daten über den Handelsverkehr Harâr's mit seinen südlichen, östlichen und westlichen Nachbargebieten. Es würde daher vor allem nöthig werden, während des Aufenthaltes in Harâr völlig darüber ins Klare zu kommen, unter welchen Modalitäten, unter welchen Auspicien von Sicherheit für die Hin- und Rückreise eine solche Tour ausführbar sei. Handelskarawanen müssen sich entweder in südlicher Richtung von Harâr gegen das Kuna-Gebirge bewegen oder den Weg Berbera—Melmil zu gewinnen trachten. Karawanen von Harâr scheinen nicht weiter als nach dem reichen Ogaden zu gehen. Mit diesem Lande unterhalten auch Araber von der Südsomâlküste Handelsverbindungen und zwar einerseits den Juba aufwärts über Fâf-el kebir, dann von Maqdischu aus, anderseits von Râs awad und Râs aswad. Den Haupthandelsweg scheint der Lauf des Juba vorzuzeichnen. Es lässt sich nun nicht im entferntesten absehen, ob Reisende von Ogaden aus an einen auf sicherer Basis, also im Anschluss an Karawanen, zu unternehmenden Durchbruch nach dem Ocean in südlicher oder südöstlicher Richtung überhaupt denken können. Die

Entfernung von Harâr nach Ogaden beträgt zumindest 150 km (Sacconi, der mit Hindernissen reiste, war ca. 32 Tage unterwegs), jene von Ogaden aus auf dem südlichen Karawanenweg über Dolo an den indischen Ocean ca. 1000 km und ebenso viel die Entfernung nach dem Juba. Es ist nun nicht der Wunsch des Leiters der Expedition einen Durchbruch quer durch die Somâlländer nach dem Ocean zu planen; allein ein beabsichtigter Besuch von Ogaden oder überhaupt die Ueberschreitung der Grenzen der Provinz von Harâr in südlicher oder östlicher Richtung involvirt die Ventilirung dieser Frage. Die Kenner der afrikanischen Forschungsgeschichte wissen sehr genau, wessen man sich auf dem heissen Boden des schwarzen Continents oft zu versehen hat, wenn man Länder betritt, in denen ein reger Handelsverkehr pulsiert und die ein ausgedehntes Verkehrsnetz besitzen.

Der Weg von Harâr nach Schoa, der von Karawanen in früheren Zeiten nicht selten begangen worden ist, gilt in neuerer Zeit für gänzlich verschlossen. Die Harârenser betrachten ihn als die Heerstrasse, auf welcher in allernächster Zeit König Menelik von Schoa seine Krieger nach Harâr führen werde. Der Weg ist auch, weil sich die Pinchard'sche Tour als Märchen erweist, noch von keinem Forschungsreisenden begangen worden. Ueber die Sicherheit auf demselben lässt sich gar nichts sagen. So viel kann man wohl absehen, dass auf der ca. 200 km betragenden Strecke, weil sie durch Territorien der Galla führt, leichter vorwärts zu kommen sein dürfte, als durch Bezirke der Somâl. Die Expedition hätte sich in direct westlicher Richtung zu halten, um die von den Italienern besuchte Station Bonta zu erreichen und von Bonta aus hätte auch die Verfolgung des Laufes des Hawasch stattzufinden, wo dieser Strom seinen nördlichen Lauf nehmen soll. Von Aussa bis an die Schoaner Grenze hat den Flusslauf Graf Antonelli auf seiner jüngsten Reise verfolgt, wie der zu publicirende Reisebericht näher darthun wird. Eine Tour mitten durch die Adâl-Länder über Aussa nach Tadschura oder Assab müsste, wenn scharf und mit wissenschaftlichem Auge beobachtet würde, der Wissenschaft reiche Früchte bringen.

Wenn je einem Unternehmen, so ist diesem, welches dem Dienste der Wissenschaft und dem Ruhme des österreichischen Vaterlandes gewidmet ist, der Segen des Himmels zu wünschen.

IX.

Das Wichtigste aus der neueren Literatur über die Adâl-Länder, Harâr und deren nächste Nachbargebiete.

Im Anschlusse an die früheren Capitel mag in diesen Blättern eine Sammlung der wichtigsten neueren Literaturbehelfe über die Adâl-Länder, Harâr und deren nächste Nachbargebiete Platz finden, welche seit dem Betreten der genannten Territorien durch Forschungsreisende abgefasst worden sind. Einen grossen Theil der Literatur hat Bruno Hassenstein in seiner „Uebersicht der Literatur von Ostafrika und den ostafrikanischen Inseln bis 1873", welche der III. Abtheilung des III. Bandes des C. C. v. d. Decken'schen Reisewerkes beigegeben ist, in der Abtheilung IV: „Das Gallaland, das Gebiet des Djuba-Flusses und die Somali-Halbinsel" aufgeführt. Für meinen Zweck war bloss die Berücksichtigung der Nordseite der Somâlhalbinsel von Wichtigkeit, ferner, die der südwestlichen Grenzlande des Adâl- und Harâr-Gebietes; dagegen wurden Arbeiten über die Südostküste des Osthorns Afrika's nur dann aufgenommen, wenn sie ethnographische Daten über die Galla oder Somâl, deren Repräsentanten auch das Gebiet von Harâr und jenes der Adâl (im Grossen und Ganzen genommen) bewohnen, enthielten. Bemerkt mag werden, dass es bei der Sammlung gelungen ist, die möglichst grösste Vollständigkeit der Literatur zu erzielen. Eine Wiedergabe bibliographischer Details, so erwünscht sie manchen, namentlich bibliothekarischen Kreisen wäre, ist vermieden worden.

a) Bücher und Aufsätze.

Isenberg, Charles William. — A small vocabulary of the Dankali language. London 1840. — Besonders die Einleitung ist von ethnographischem Standpunkte interessant und wichtig.

Kirk, R. — Report on the Route from Tajurra to Ankóbar, travelled by the Mission to Shwá under the charge of captain W. C. Harris, Engineers 1841. „Journal of the Royal Geographical Society of London", XII, 1842, pp. 221—238.

D'Abbadie, Antoine. — Le pays d'Harar. Afrique orientale. Lettre. „Bulletin de la Société de Géographie de Paris", 1841, II. Série, Tom. XV, pp. 174 ff.
— Erkundigungen über Harâr.
Rochet d'Héricourt, C. E. H. — Voyage sur la côte orientale de la mer Rouge dans le pays d'Adel et le Royaume de Choa. Paris 1841. — Enthält auch eine: Carte du voyage de M. Rochet d'Héricourt dans le pays d'Adel et le royaume de Choa. Vgl. auch das „Bulletin de la Soc. de Géogr. de Paris", II. Sér., XVI, pp. 412 ff.; dann die „Revue des deux Mondes", Jahrg. 1841, Juli. Die zweite Reise Rochet d'Héricourt's ist auch beschrieben in der „Revue nouvelle", 1845, im „Annuaire des voyages", 1844, pp. 28 ff. Vgl. ferner das „Ausland", 1845, No. 290 ff. und 1846, No. 76 ff.
— Considérations géographiques et commerciales sur le pays d'Adel. „Bulletin de la Soc. de Géogr. de Paris", II. Sér. XV, 1841, pp. 275—283. — Ueber die Danákil.
D'Abbadie, Antoine. — Extrait d'une lettre à Mons. Jomard d. d. Cairo, 10. Octobre 1840. „Bulletin de la Soc. de Géogr. de Paris", XV, 1841, pp. 173—175. — Zwei Itinerare von Berbera nach Harâr.
D'Avezac, P. M. A. — Essai sur la géographie du pays de Sçoumal. „Bulletin de la Soc. de Géogr. de Paris", II. Sér., XVII, 1842, pp. 81—114.
Harar, ville du pays de Sçoumal. „Bulletin de la Soc. de Géogr. de Paris", II. Sér., XVII, 1842, pp. 96 f.
Notes on Danakil Tribes. „Journal of the Royal Geogr. Soc. of London", XII, 1842, p. 268. — Resultate von Harris' Reise.
Barker, W. C. — Extract Report on the propable geographical position of Harar; with somme Information relative to the various Tribes in its Vicinity. „Journal of the Royal Geogr. Soc. of London", XII, 1842, pp. 238 bis 244. — Erkundigungen, eingezogen während Harris' Expedition.
Beke, Dr. Charles T. — On the countries south of Abyssinia. „Journal of the Royal Geogr. Soc. of London", XII, 1842, pp. 84—101; XIII, 1843, pp. 254—268.
Renseignements sur le pays d'Harar. „Bulletin de la Soc. de Géogr. de Paris", II. Sér. XVII, 1842, pp. 279 ff. und XIX, 1843, p. 449.
D'Abbadie, Antoine. — Noms des lieux situés sur la partie de la côte orientale d'Afrique depuis A'sab (mer rouge) jusqu'à Mozambique. „Bulletin de la Soc. de Géogr. de Paris", II. Sér., XVIII, 1843, pp. 217 ff. — Erkundigungen bei Arabern über die Plätze an der Nord-Somâl-Küste.
Beke, Dr. Charles T. — On a map of the Route from Tajurrah to Ankober. „Journal of the Royal Geogr. Soc. of London", XIII, 1843, p. 182.
Rochet d'Héricourt, C. E. H. — Itinéraires dans le pays d'Adel. „Bulletin de la Soc. de Géogr. de Paris", II. Sér. XIX, 1843, pp. 446 ff.
— Extrait d'une lettre adressée à M. d'Avezac. „Bulletin de la Soc. de Géogr. de Paris", XIX, 1843, pp. 446—449. — Route von Tadschura nach Aussa, dann zwei Itinerare über Debenet und durch das Gebiet der Modeïtos. Vgl. auch „Revue d'orient", Mai 1843.
Isenberg, Karl W. — Abessinien und die evangelische Mission. Erlebnisse in Aegypten, auf und an dem rothen Meere, dem Meerbusen von Aden und besondern in Abessinien. Tagebuch einer Missionsreise vom Mai 1842 bis Dezember 1843. Bonn 1844. 2 Bde. Mit Karte von Abessinien nach den neuesten und besten Quellen entworfen von James McQueen, berichtigt von C. W. Isenberg 1844.
Christopher, Lieut. W. — Extract from a journal kept by Lieut. W. C., commanding the H. C. Brig of War „Tigris" on the East-Coast of Africa, dated

8. May 1843. (Mit Karte von McQueen.) „Transactions of the Bombay Geographical Society", VI. und im „Journal of the Royal Geogr. Soc. of London", XIV, 1844, pp. 76—104. — Die gesammte Somâl-Küste betreffend.

Johnston, Charles. — Travels in Southern Abyssinia through the country of Adar to the kingdom of Shoa. London 1844. 2 Bde. Mit Karte: Sketch map shewing the Watersheds of Abyssinia.

Arc-Angelo, H. C. — A sketch of the River Juba or Gocheb, or Gowin from a trip up the stream in 1844. „United Service Journal", 1844, I, pp. 278 ff.
— Ueber Berbera speciell: „United Serv. Mag.", 1846, Januar; daraus „Ausland", 1846, No. 44—46 und Hauptmann Rodatz im „Ausland", 1846, pp. 184 ff.

Tutschek, C. — Grammar and dictionary of the Galla Language. München 1844—45. 2 Thle.

Harris, W. C. — The Highlands of Aethiopia, descrived during eighteen months residence of a British embassy at the Christian court of Shoa. London 1844. 3 Bde. Mit Karte: Abyssinia constructed from the latest and best autorities by James McQueen, with additions by Major Harris. Deutsch von Karl von Killinger in der „Sammlung der Reisen und Länderbeschreibungen der älteren und neuesten Zeit" von Widenmann und Hauff, Stuttgart und Tübingen 1845. 2 Bde., mit der Karte von McQueen. — Der 2. Band der deutschen Uebersetzung pp. 119 ff. enthält werthvolle Zusätze und Berichtigungen vom deutschen Bearbeiter.

Harris, W. C. — Illustrations of the Highlands of Ethiopia. London 1845. — Atlas von 27 Blättern.

Lefebvre, Th. — Voyage en Abyssinie exécuté pendant les années 1839 à 1843 par une commission scientifique composée de M. M. Th. L., lieutenant de vaisseau, A. Petit, Quartin, Dillon et Vignaud. Paris 1845. 3 Bde. — Band III enthält pp. 97 ff. ein Capitel: Bassin des Rivières Godjob et Sountou. Auszug daraus im „Bulletin de la Soc. de Géogr. de Paris", III. Sér. I, 1845, pp. 51 ff.

Harar, ville d'Afrique orientale. „Bulletin de la Soc. de Géogr. de Paris", III. Sér. IV, 1846, pp. 213 ff.

Beke, Dr. Charles. — A statement of facts relative to the transactions between the writer and the late British political mission to the court of Shoa in Abessinia. Second edit. London 1846. — Streitschrift gegen die Harris'sche Expedition.

Cruttenden, Charles J. — Report of the Mujjerthein Tribe of Somalies inhabiting the district forming the Northeast point of Africa. „Transactions of the Bombay Geogr. Society", VII, 1846, pp. 111—126.

Beke, Dr. Ch. T. — On the origin of the Gallas. „Report of the British Association for the Advancements of Science", 1847.

Cruttenden, Ch. J. — Memoir of the Western or Edoor Tribes inhabiting the Somali Coast of Northeast-Africa, with the southern branches of the Family of Darood, on the banks of the Webbe Shebeyli. „Journal of the Royal Geogr. Soc.", XIX, 1849, pp. 49—75.

Beke, Dr. Ch. T. — On the geographical distribution of the languages of Abyssinia. Edinburg 1849.

— Sur le cours inférieur du Godjeb. „Bulletin de la Soc. de Géogr. de Paris", III. Sér., 1849, pp. 315 ff.

Rigby, C. P. — An Outline of the Somauli Language, with Vocabulary. „Transactions of the Bombay Geogr. Soc.", IX, 1850, pp. 129—184.

Schubert, v. — Die Wüste der Danakils und das südabessinische Hochland. „Portfolio für Länder- und Völkerkunde", II, 1853, pp. 170 ff.

Burton, R. — Narrative of a trip to Harrar. „Journal of the Royal Geogr. Soc.", XXV, 1855, pp. 136—150.
— Mémoire sur la route de Zeyla à Harrar. „Bulletin de la Soc. de Géogr. de Paris", IV. Sér. IX, 1855, pp. 337—362. — Französischer Bericht der vorhergehenden Relation.
— Description de la ville d'Harar. „Nouvelles Annales des voyages", IV, 1855, pp. 79 ff.
Die Somali-Expedition unter Lieutenant Richard Burton in den Jahren 1854 bis 1855. „Petermann's Mittheilungen" 1856, p. 141. — Bericht nach einem Vortrage, gehalten am 11. Juni 1855 in der geographischen Gesellschaft in London und nach Allen's „Indian Mail", hauptsächlich Daten über das Schicksal der Expeditionsmitglieder enthaltend.
Neue Forschungen im Lande der Myrrhe und des Weihrauchs (Burton, Speke, Herne und Stroyan, 1854). Petermann's Mittheilungen 1855, p. 89.
Guillain, M. — Documents sur l'histoire, la géographie et le commerce de l'Afrique orientale. 3 Bde. Paris 1856. — Der II. Band, 2. Theil enthält pp. 476 ff. ein Petit vocabulaire français et Soumali, pp. 399—417 eine Description du pays des Soumals Medjourtine, pp. 468—483 Daten über die Adschi-Somâl, die Warsangeli, Lulbahante u. A. m. Die Reise an der Somâl-Küste hat Guillain in den Jahren 1846—1848 mit dem Schiffe „Le Ducouëdic" gemacht.
Burton, R. F. — First footsteps in East Africa; or an exploration of Harar. London 1856. Mit einer: Map of illustrate Lieutenant Burton's route to Harar from a sketch by the late Lieut. W. Stroyan. (Ueber die Reise Burton's finden sich sonst Berichte in Allen's „Indian Mail", 1855, No. 270, pp. 327—329, in der „Literary Gazette", 1855, pp. 396 f.). Französisch erschien das Werk unter dem Titel: Premiers pas. dans l'Afrique orientale Bruxelles 1857.
Das Somali-Land. „Ausland", 1856, No. 39 ff. — Die Ostspitze betreffend.
Krapf, Dr. L. J. — Seereise an der südarabischen Küste von Aden bis Sint; an der ostafrikanischen Küste von Cap Guardafui bis zur Insel Sansibar. „Ausland", 1857, No. 42 ff.
Die Völker Ost-Afrikas (Somali, Medjertin) nach Guillain, Krapf und Anderen. Petermann's Mittheilungen 1858, pp. 396 ff., sammt Tafel No. 18. — P. 397 beginnt die specielle Beschreibung der Medschertin-Somâl.
Krapf, Ludwig. — Reisen in Ost-Afrika, ausgeführt in den Jahren 1837—1855. Zur Beförderung der ostafrikanischen Erd- und Missionskunde. Kornthal und Stuttgart 1858. 2 Bde. Englisch unter dem Titel: Travels, researches and missionary labours, during eighteen years residence in Eastern Africa. London 1860. Mit Karte: Map of East-Africa showing the routes of Dr. Krapf between the years 1837—1855.
D'Abbadie, Ant. — Note sur Kaffa. „Bulletin de la Soc. de Géogr. de Paris", IV. Sér. XVIII, 1859, pp. 170—180 und p. 355.
Lettre du Père Léon des Avanchers et note de M. Antoine d'Abbadie. „Bulletin de la Soc. de Géogr. de Paris", IV. Sér. XVI, 1859, pp. 361 ff.
Des Avanchers, Léon. — Esquisse géographique des pays Oromo ou Galla, des pays Sôomali et de la côte orientale d'Afrique. Avec une carte. „Bulletin de la Soc. de Géogr. de Paris", IV. Sér., 1859, XVII, pp. 153 ff. Karte p. 222.
Heuglin, Th. v. — Reise in Nordost-Afrika und längs des rothen Meeres, im Jahre 1857. Mit Karte: Das rothe Meer und die wichtigsten Häfen seiner Westhälfte von A. Petermann. „Petermann's Mittheilungen", 1860, pp. 325—358.

Theodor von Heuglin's Reise längs der Somali-Küste im Jahre 1857. Mit: Karte der Somâli-Küste und des Golfs von Adèn von A. Petermann. „Petermann's Mittheilungen", 1860, pp. 418—437. — Anschluss an die vorgenannte Arbeit.
Captain Speke's Adventures in Somali Land. „Blackwoods Magazin". 1860, May.
Andree, K. — Forschungsreisen in Arabien und Ost-Afrika nach den Entdeckungen von Burton, Speke, Krapf u. A. Leipzig 1861. 2 Bde. — Auch unter dem Titel: Burton's Reisen nach Medina und Mekka und in das Somali-Land nach Härär in Ost-Afrika.
Theodor von Heuglin's Forschungen über die Fauna des rothen Meeres und der Somáli-Küste. Ein systematisches Verzeichniss der Säugethiere und Vögel, welche in diesen Regionen bisher beobachtet worden sind, mit Rücksicht auf ihre geographische Verbreitung in horizontaler und vertikaler Ausdehnung. „Petermann's Mittheilungen", 1861, pp. 11 ff.
Lettres de M. F. G. Massaja et de M. Léon des Avanchers à M. Antoine D'Abbadie. „Bulletin de la Soc. de Géogr. de Paris", 1861, pp. 328—333. — Ueber die Identicität des Godscheb und Juba.
Müller, Dr. Friedrich. — Ueber die Harari-Sprache im östlichen Afrika. Wien 1864. Separatabdruck aus den Schriften der kais. Akademie der Wissenschaften, 44. Bd., 1863, pp. 601 ff.— Neben dieser kritischen Erörterung über die Stellung des Harari ist nur Weniges über dieses Idiom in Salt's „Abyssinia", Appendix I, pp. 6—10, in Balby's „Atlas Ethnogr.", Tab. XXXIX, im „Ausland", 1840, No. 297, im „Philological Journal" vom 25. April 1845, in der „Zeitschrift der Morgenländischen Gesellschaft", XXIII, p. 453, dann in Burton's „First footsteps", Appendix II, pp. 511—582 enthalten.
Wakefield, Thomas. — Footprins in Eastern Africa or Notes of a Visit to the Southern Gallas. London 1866. — Von ethnographischem Interesse.
Lettre du Père Léon des Avanchers, missionaire au pays de Gera, à M. Antoine D'Abbadie. Les pays Oromo Sidama et le royaume de Gera. „Bulletin de la Soc. de Géogr. de Paris", V. Sér. XII, 1866, pp. 163—164.
Heuglin, Th. M. v. — Synopsis der Vögel Nordost-Afrikas, des Nilquellengebietes und der Küstenländer des rothen Meeres. Cobani's „Journal für Ornithologie", November 1867, pp. 361—398; Januar 1868, pp. 1—21.
Schweinfurth, Dr. Georg. — Pflanzengeographische Skizze des gesammten Nilgebietes und der Uferländer des rothen Meeres. „Petermann's Mittheilungen", 1867, pp. 113 ff., 155 ff., 244 ff.
Heuglin, Th. v. — Systematische Uebersicht der Säugethiere Nordost-Afrika's mit Einschluss der arabischen Küste, des rothen Meeres, der Somali- und Nilquellenländer südwärts bis zum 4.° nördlicher Breite. Nach brieflichen Mittheilungen und den Original-Exemplaren des Herrn Verfassers ergänzt und mit Zusätzen versehen von Dr. Leop. Jos. Fitzinger. Wien 1867. — Aus den Schriften der kaiserlichen Akademie der Wissenschaften.
Rigby, C. P. — Origin of the Somali Race. „Ethnogr. Society", 1867, vol. 91.
Massaja, G. — Lectiones grammaticales pro missionariis qui addiscere volunt linguam Amaricam seu vulgarem Abyssiniae, nec non linguam Oromicam seu populorum Galla nuncupatorum. Paris 1867.
Richard Brenner's Forschungen in Ost-Afrika. Nebst: Originalkarte des Gebietes der südlichen Galla und Waboni nebst den angrenzenden Somali-Ländern. Maassst. 1:2,500,000. „Petermann's Mittheilungen", 1868, pp. 361 bis 367; 456—465. — Vorläufige Nachrichten enthält schon pp. 175—179 des citirten Jahrgangs.
Plowden, W. R. — Travels in Abyssinia and the Galla country; with an account of a Mission to Ras Ali in 1848 etc. London 1868.

Massaja's Bericht über seine 1868 unternommene Reise von Tadschura über den Asal-See nach Schoa in den „Missions catholiques" vom 12. November 1869, No. 73, dazu die Lettre du P. Taurin, missionaire apostolique, à M. Antoine D'Abbadie im „Bulletin de la Soc. de Géogr. de Paris", 1869, pp. 311—316 und „Petermann's Mittheilungen", 1870, p. 348.

Matteuci, Pellegrino. — Spedizione Gessi-Matteuci. Sudan e Gallas. Milano 1869. — Ueber die Galla Abessiniens.

Extrait des lettres du P. Taurin, missionaire capucin, à M. Antoine D'Abbadie. „Bulletin de la Soc. de Géogr. de Paris", 1870, pp. 381—387. — Betrifft Süd-Schoa.

Die Assab-Bai im Rothen Meere eine italienische Erwerbung. Nach einem Berichte von Marchese Antinori, O. Beccari und Prof. Issel. „Petermann's Mittheilungen", 1881, pp. 50—52. — Der Inhalt eines Berichtes über den Besuch und Ankauf der Assab-Bai nach dem „Bolletino della Società geografica Italiana", 1870, 1. October, fasc. V.

Nachrichten von Richard Brenner's Expedition nach Ost-Afrika. „Petermann's Mittheilungen", 1871, pp. 69 f. und 390 f. — Die pp. 390 f. gegebenen Versprechungen von einer Fülle von Arbeiten über die Somâl-Länder, namentlich den Commerz der Nordküste derselben, hat Brenner nicht eingehalten.

Miles, S. B. — On the neighbourhood of Bunder Merayah. „Journal of the Royal Geogr. Soc. of London", XVI, 1872, pp. 61—76.

— On the Somali country. „Proceedings of the Royal Geogr. Soc. of London", XVI, 1872, pp. 149—157.

Le pays de Somali. „Bulletin de la Soc. de Géogr. de Paris", 1872, pp. 333 ff.

Usi e commercio di Berbera e Bulhar sulla costa Somali. Estratto da un rapporto del R. console italiano in Aden. „Bolletino della Soc. geogr. Italiana", X, fasc. I, 1873, pp. 64—67.

Kirk, John. — Somali Land Visit. „Proceedings of the Royal Geogr. Soc. of London", XVII, 1874, pp. 340—343. — Resultate der Bereisung des südlichen Somâl-Landes mit Cap. Malcolm.

Hildebrandt, J. H. — Auszug aus einem Bericht über die Somâli-Länder, Aden, Februar 1874. „Verhandlungen der Gesellschaft für Erdkunde zu Berlin", 1874, No. 2, pp. 71—74.

Munzinger, Werner. — Narrative of a journey through the Afar Country. „Journal of the Royal Geogr. Soc. of London", XXXIX, 1875, pp. 188 ff. Vgl. auch „Proceedings of the R. G. S.", XIII, p. 219.

Bericht über die Reise des Grafen W. von Zichy von Hamfila in die Asal-Ebene. „Ausland", 1875, pp. 820 ff.

Hildebrandt, J. M. — Ausflug von Aden in das Gebiet der Wer-Singelli-Somalen und Besteigung des Ahl-Gebirges. „Zeitschrift der Gesellschaft für Erdkunde zu Berlin", X, 1875, pp. 266—295. — Vorwiegend Botanisches.

Spedizione Italiana nell' Africa Equatoriale. Guido Cora's „Cosmos", III, 1875 bis 1876, VI. und VII. Heft, pp. 276—278; IV, pp. 425—435. Vgl. auch „Bolletino della Soc. geogr. Italiana", 1879, pp. 109—116; 347—432 und „Memorie della Soc. geogr. Italiana", 1878, I, 1, pp. 135—160; pp. 161—236. 3 Karten. Im „Cosmos" III. eine Karte in 1 : 1,200,000.

Muhammed Muchtâr. — Notes sur le Pays de Harrar. Mit einem Plan der Stadt Harâr von Muchtâr Effendi und Fausi Effendi in 1 : 4,000. „Bulletin trimestriel de la Société Khédiviale de Géographie du Caire", 1876, pp. 351 bis 386. — Zerfällt in drei Theile: Pays d'Isa, Harrar und Gallas.

— Aperçu historique sur les souverains qui ont gouverné Harrar et sur les habitudes du dernier Emir. „Bulletin trimestriel de la Soc. Khéd. de Géogr. du Caire", 1876, pp. 389—397.

Muhammed Muchtâr. — Resumé de l'histoire de Harrar depuis les temps les plus reculés jusqu'à nos jours. "Bulletin de l'état major général de l'armée égyptienne", 3. année, No. 1, 5. Septembre 1876.

Chiarini, Giovanni. — Relazione sul viaggio da Zeila al Tull-Harré, settembre 1876. "Bolletino della Soc. geogr. Italiana", 1876, pp. 591 ff.; 1877, pp. 360 ff.

C. A. Haggenmacher's Reise im Somali-Lande 1874. Mit einer Original-Karte. Ergänzungsheft No. 47 zu Petermann's Mittheilungen, Gotha 1876.

Wakefield, Th. — Fourth Journey to the Southern Galla Country. "Proceedings of the Royal Geogr. Soc. of London", 1877, pp. 368—372. Mit Karte.

Vatke's Abhandlung über Hildebrandt's Pflanzensammlung an der Somâl-Küste in der Oesterreichischen Botanischen Zeitschrift, 1877, XXVII, pp. 194 ff. — Vgl. auch über denselben Gegenstand Baker und Moore im "Journal of Botany", XV, pp. 65 ff.

Antinori, Orazio. — Relazioni complementari de 1876. "Memorie della Soc. geogr. Italiana", 1878, I, 1, pp. 135 ff. — Auszugsweiser Bericht über die Reise der italienischen Expedition durch die Adâl-Länder.

Chiarini, G. — Relazione dell' ingegnere Ch. sul viaggio dal Tull-Haré a Litcé 31. luglio, 13. dicembre 1876. "Memorie della Soc. geogr. Italiana", 1878, I, 1, pp. 141 ff. — Fortsetzung der Berichte, welche im "Bolletino della Soc. geogr. Italiana", 1876, pp. 591 ff. erschienen waren.

Relazione del capitano Sebastiano Martini intorno al suo secondo viaggio allo Scioah e cenni sul suo secondo ritorno in Europa. "Memorie della Soc. geogr. Italiana", 1878, 1, 1, pp. 156—160.

Chiarini, G. — Relazione dell' ingegnere G. Ch. sulle regioni da Zeila à Farré. "Memorie della Soc. geogr. Italiana", I, 2, 1878, pp. 189—218. — Der Umfassendste aller italienischen Reiseberichte über die Adâl-Länder.

Estratto d'una memoria di G. Chiarini sui bianchi che sono venuti nello Scioa, dopo la partenza del missionario Krapf. "Memorie della Soc. geogr. Italiana", I, 2, 1878, pp. 224—228.

Chiarini, G. — Memoria sulla storia recente dello Scioa, dalla morte di Sahle Sallasié fino ad oggi (novembre 1877). "Memorie della Soc. geogr. Italiana", I, 2, 1878, pp. 228—236.

Estratto della relazione del capitano Cecchi sul viaggio da Tul-Harré a Licce. "Memorie della Soc. geogr. Italiana", I, 2, 1878, pp. 161—176.

Estratto della relazione del marchese Antinori alla Presidenza della Società geografica (Italiana) ed al Comitato esecutivo per la Spedizione italiana nell' Africa equatoriale. "Memorie della Soc. geogr. Italiana", I, 2, 1878, p. 176 bis 189. — Bericht über die physischen Verhältnisse der Adâl-Landschaften, besonders aber über den Lauf des Hawasch.

Mayer, J. — Kurze Wörtersammlung in Englisch, Deutsch, Amharisch, Gallanisch, Guraguesch. Herausgegeben von L. Krapf. Basel 1878.

Fischer, Dr. G. A. — Ueber die jetzigen Verhältnisse im südlichen Galla-Lande. "Mittheilungen d. geogr. Gesellsch. in Hamburg", 1878, pp. 347—362.

— Die Sprachen im südlichen Galla-Lande. "Zeitschrift für Ethnologie", X, 1878, pp. 141—144; XI, 1879, pp. 1—57.

Graves, Ch. J. — Le pays des Somalis Mijjertains. "Bulletin de la Soc. Khéd. de Géogr. du Caire", No. VI, novembre 1879, pp. 23—36.

Muhammed Muchtâr-Bey. — Une reconnaisance au pays de Gadiboursi. "Bulletin de la Soc. Khéd. de Géogr. du Caire", No. 7, 1880, pp. 1—17.

Stone Pacha. — La topographie et la géographie du pays entre la côte de la Mer Rouge et le plateau Abyssinien. "Bulletin de la Soc. Khéd. de Géogr. du Caire", No. 9, 1880, pp. 43—76.

Révoil, Georges. — Voyage au pays des Medjourtines. „Bulletin de la Soc. Géogr. de Paris", 1880, pp. 254—270. Mit Karte.
Spedizione Italiana. „Bolletino della Soc. geogr. Italiana", 1880, No. 5, 6, 7; 1881, No 1, 3, 10 und 12; 1882, No. 7. Cora's „Cosmos", VI, No. 7, pp. 297 bis 308. — Details über den Fortschritt der italienischen Expedition in den Adâl-Ländern und Schoa.
Révoil, Georges. — Physiognomie générale du pays et du peuple Çomali Medjourtine. „Bulletin de la Soc. Languedocienne de Géographie", 1880, No. 1, pp. 5—17.
— Le commerce en pays Çomali. „Bulletin de la Soc. commerciale de Paris", 1880, No. 5, pp. 386—394.
— Voyages au cap des Aromates. Afrique orientale. Paris 1880. Mit Karte: Itinéraire chez les Çomalis Medjourtines.
Martini, Sebastiano. — Terzo viaggio allo Scioa. Cora's „Cosmos", VI, 1880, No. 2, pp. 70—74.
Révoil, G. — Étude sur les Çomalis. „Missions catholiques", 1880, No. 588 f.
Zichy, W. Graf von. — Die Danakil-Küste. „Petermann's Mittheilungen", 1880, pp. 133—135. Mit Kärtchen. Dazu Zöppritz's Bemerkungen über die meteorologischen Beobachtungen und Höhenbestimmungen in „Petermann's Mittheilungen", 1880, pp. 135 f.
Révoil, G. — Voyage au pays des Medjourtines. „Bulletin de la Soc. de Géogr. de Paris", 1880, pp. 254 - 269.
Cora, Guido. — Massacro della Spedizione Giulietti presso Bailul. „Cosmos", VI, 1880, No. 9, pp. 388—393.
Il paese dei Somali Migertini. „L'Esploratore", 1880, No. 6, pp. 198—202. Vgl. „Bolletino della Soc. geogr. Italiana", 1880, No. 6, pp. 404—415.
Amezaga, C. de. — Assab. „Bolletino della Soc. geogr. Italiana", 1880, No. 10, pp. 623—678. Mit 3 Karten.
Giulietti, G. M. — Viaggio da Zaila ad Harrar 1879. „Bolletino della Soc. geogr. Italiana", 1881, No. 6, pp. 425—445. Mit: Carta originale delle regioni Galla, Somali, Adal etc. in 1:1,000,000 von G. Cora. — Beides erschien auch in Cora's „Cosmos", VI, 1881, No. 9, pp. 365—382.
Hunter. — Grammar of Somáli Language. Bombay 1880.
Tagliabue, E. — Assab. „L'Esploratore", 1881, No. 5, pp. 166—169.
Rivoyre, D. de. — Obock et la vallée de l'Euphrate. „Bulletin de la Soc. de Géogr. de Paris", 1881, pp. 75—85.
Bianchi, G. — I Sodo Galla. „L'Esploratore", 1881, No. 5 ff.
Amezaga, C. und Beccari, C. B. — La stazione di Assab. „Bolletino della Soc. geogr. Italiana", 1881, No. 2, pp. 115—124.
Bianchi, G. — Damot. „L'Esploratore", 1881, No. 9, pp. 303—310. — Beschreibende Notizen.
Cahagne, Taurin. — Voyage dans le pays des Gallas, d'Aden à Harrar. „Les Missions catholiques", 1881, No. 630 ff.
Charmentant, R. P. — Hobock et la colonisation française dans l'Afrique centrale. „L'Exploration", XII, No. 248 ff.
Manzoni, R. — Il nostro possedimento in Assab. Milano 1881. — Erschien auch im „Nuovo secolo".
Caracciolo, P. S. — Da Assab. Il commercio di Assab. „Rivista nuova di scienze", Napoli 1881, No. 1—4.
Brunialti, A. — La missione Giulietti e il governo Italiano. Cora's „Cosmos", VII, 1881, No. 1, pp. 1—11.
Martini, S. — La baia d'Assab e relevazioni sull' esito dell' ultimo periodo della spedizione in Africa. Firenze 1881.

Révoil, G. — Notes d'archéologie et d'ethnographie dans le Çomal. „Revue d'Ethnographie", 1881, pp. 5—21, 1882, No. 1—3.

Denhardt, Clemens. — Erkundigungen im äquatorialen Ost-Afrika. „Petermann's Mittheilungen", 1881, pp. 11—19; 130—143. Mit: Originalkarte des äquatorialen Ostafrika zwischen Mombasa und Nijansa. Maass: 1:2,000,000.

Révoil, G. — Voyage au pays des Çomalis. „Bulletin de la Soc. de Géographie de Marseilles", 1881, No. 10, pp. 329—355.

— Tumuli dans l'Aromatica regio près d'Aden. „Bulletin de la Soc. d'Anthropologie", 1881, pp. 166 ff.; 585 ff.

Spedizione Italiana. „Bollctino della Soc. geogr. Italiana", 1882, VII, No. 6, pp. 389—411; 414—422 (mit Karte); 523—532. Vgl. die „Nuova Antologia", vom 1. Mai 1882. — Ueber die Fortschritte der italienischen Expedition in Ost-Afrika.

Assab e Obock. Lettere. „L'Esploratore", 1882, VI, No. 10, pp. 364—366.

La posizione astronomica di Uaroff ed Harrar. „Bollctino della Soc. geogr. Italiana", 1882, pp. 699—701. — Cecchi's Beobachtungen mit einem einfachen Itinerarkärtchen.

Relazione del capitano Cecchi sull' ultimo periodo dei suoi viaggi al di là dello Scioa. „Bollctino della Soc. geogr. Italiana", 1882, pp. 389—410.

Antonelli, conte P. — Appunti su Assab e dintorni. „Bollctino della Soc. geogr. Italiana", 1882, pp. 463—472. — Handelt auch über den Asal- und Aussa-See.

Révoil, G. — La vallée du Darror. Voyage au pays des Çomalis. Paris 1882. Mit einer Karte.

Assab et les limites de la souverainité turco-égyptienne dans la Mer Rouge. Memoire du gouvernement Italien. Rome 1882. Mit zwei Karten. — Offizielle Publication.

Hamy, Hult, Oustalet, Vaillaut etc. — Faune et Flore des pays Çomalis; études et observations sur les sujets nouveaux rapportées par Georges Révoil. Paris 1882. Mit 24 Tafeln.

Mény, V. — Quatre mois en Orient Obock, la côte des Somalis, Mascate, Bagdad et la vallée du Tigre. Paris 1882.

Volpe, R. — Assab sotto il rapporto geografico. „Atti della Academia Pontaniana", XIV.

Soleillet, Paul. — Lettre sur l'Obock. „Bulletin de la Soc. Normande de géographie", 1882, pp. 256 ff.

Provedimenti per la costituzione e l'ordinamento di una colonia in Assab. Relazione ministeriale. Roma 1882. Mit zwei Karten. — Offizielle Publication.

Raffray, A. — Voyage en Abyssinie et au pays des Galla-Raïas. „Bulletin de la Soc. de Géogr. de Paris", 1882, pp. 324—353. Mit Karte.

Antonelli, conte P. — Punti su Assab. „Bulletin de la Soc. Normande de Géogr.", 1882, No. 6. Mit Karte.

Rivoyre, D. de. — D'Obock au paradis terrestre. „L'Exploration", 1882, No. 267 ff.

Rizzo, A. — Per Assab. „Bollctino della Società Africana d'Italia", 1882, I, No. 3, pp. 33—38.

Brunialti, A. — La colonia d'Assab e i commerci Italiani in Africa. „L'Esploratore", 1882, VI, pp. 281—287.

Cora, G. — Cenni sulla baia d'Assab ed adiacenze. Torino 1882. 2. edizione corredata d'un appendice: supplemento alla Carta speciale della baia d'Assab ed adiacenze. Torino 1883. Aus dem „Cosmos" von Cora, 1882, pp. 129—150.

Bianchi, G. — Abissinia, Scioa e Paesi Galla; relazione commerciale. „L'Esploratore", 1882, pp. 313—324.

Cahagne, T. — Autour d'Harrar. „Les missions catholiques", 1882, No. 677 ff. Vgl. auch die Mittheilungen der geograph. Gesellschaft zu Jena 1882, pp. 79—80.
Licata, C. B. — Ai nemici di Assab. „Bolletino della Soc. Africana d'Italia", I, 1882, 6. dicembre.
Cecchi, A. — Relazione intorno alle ultime vicende della spedizione Italiana in Africa attraverso i regni di Ghera-Gomma-Gimma-Guma. Pesaro 1882.
Bianchi, G. — Guraghé. Estratto dal mio giornale di viaggio. Cora's „Cosmos", VII, 1882—83, pp. 283 ff.; 320—324.
Antonelli. — Il mio viaggio da Assab allo Scioa. Conferenza. „Bolletino della Soc. geogr. Ital.", VIII, 1883, pp. 857—880.
Laserre, Louis de. — De Zaila à Farré. Voyage au pays Galla. „Les Missions catholiques", 1883, pp. 550—552; 561 f. — Dieser Bericht wird in der genannten Zeitschrift fortgesetzt.
Lettere inviate dal conte Antonelli. „Bolletino della Società geogr. Italiana", 1883, pp. 782—795. — Von Aussa.
Müller, John, Freiherr von. — Die Handelsverhältnisse der Somali- und Galla-Gebiete. Kölnische Zeitung vom 13. Juli 1883, No. 192.
Cahagne, T. — L'Harar negli ultimi secoli. „Bolletino della Soc. geogr. Italiana", 1883, pp. 520—523.
Rivoyre, Denis de. — Obock, Mascate, Bouchire, Bassarah. Paris 1883. Mit Karte.
Soleillet, P. — Lettres de voyage; d'Obock à Ankober et Kaffa. „Bulletin de la Soc. Normande de Géogr.", 1883, pp. 207—216; 249—264; 296—299.
Il viaggiatore Monti fra gli Aman-Niger (Galla). Lettera del Sig. L. Caprotti. „L'Esploratore", 1883, pp. 100 f.
Caprotti, L. — Usi e costumi Galla. „L'Esploratore", 1883, pp. 101—103.
Assab. „L'Esploratore", 1883, pp. 108—109.
D'Abbadie, Antoine. — Oboq. „Bulletin de la Soc. de Géogr. commerciale de Bordeaux", 1883, pp. 505 f.
Antonelli, P. conte. — Viaggio allo Scioa. „Bolletino della Soc. geogr. Italiana", 1883, pp. 283—387. „L'Esploratore", 1883, No. 4—6.
Il conte Antonelli nell'Aussa. „Bolletino della Soc. geogr. Italiana", 1883, pp. 413—420.
Ravenstein, E. G. — On the Somali and Galla countries. „Proceedings of the Geographical Section of the British Association". Southport Meeting 1883. — Die Arbeit wurde der Section erst überreicht.
Mittheilungen Nadi-Pascha's, Gouverneurs von Harâr, welche dieser Dignitär über Harâr in einer Sitzung der „Soc. Khéd. de Géographie du Caire" gemacht. Ein Auszug des in arabischer Sprache gehaltenen Vortrags in den „Proceedings of the Royal Geogr. Society of London", 1883, pp. 365 f.
Sacconi, Pietro. — Stazione di Harar. „L'Esploratore", 1883, pp. 106—108.
— Il governo egiziano e le tribù Galla e Somali. „L'Esploratore", 1883, pp. 169—173.
— Nei Galla. „L'Esploratore", 1883, pp. 308—312. — Brief aus Harâr.
In via per l'Ogaden. „L'Esploratore", 1883, pp. 313. — Aufbruch Sacconi's nach Ogaden.
Appunti sul viaggio del signor Pietro Sacconi sul paese del Ogaden e sul suo eccidio tolti in parte dall' interrogatorio subito dal suo domestico Jassin nanti il divano di Harar il giorno 23 agosto 1883 (19 Sciduel 1300). „L'Esploratore", 1883, pp. 375—379. — Die Biographie nebst Daten über die Forschungen des Reisenden findet sich pp. 372 ff.
M. Révoil's Journey into the South Somali Country. „Proceedings of the Royal Geogr. Society of London", 1883, pp. 717—719.
Rapport sur l'Ogadine, par M. Arthur Rimbaud, agent de M. M. Mazeran, Viannay et Bardey à Harar (Afrique orientale). „Compte rendu des séances

de la commission centrale de la Société de Géographie de Paris", 1884, No. 3, pp. 99—104.
Assab Conferenza del Prof. G. B. Licata. „Esploratore", VIII, 1884, pp. 11—13.
Müller, John, Freiherr von. — Reise durch das Gebiet der Gadibursi-Somali und Noli-Galla nach Harar, 24. März bis 4. April 1882. — Dieser Aufsatz wird im Jahre 1884 in der „Zeitschrift der Gesellschaft für Erdkunde zu Berlin" erscheinen.
Eine Arbeit des unglücklichen Franzosen Lucerau über seine Reise nach Harâr wird vorbereitet. Vide das „Bolletino della Soc. Geogr. Italiana", 1881, p. 444, Anmerkung.

b) Karten, Pläne.

Carte du voyage de M. Rochet d'Héricourt dans le pays d'Adel et le royaume de Choa. — Beigefügt dem Werke Rochet's: Voyage sur la côte orientale de la mer Rouge etc. Paris 1841.
Kirk, R. und Barker. — Map of the Route from Tajurrah to Ankobar of the Mission under the captain C. Harris to the Coast of Shwá 1841. „Journal of the Royal Geogr. Soc. of London", 1841.
Esquisse du pays de Scoumâl à l'extremité orientale de l'Afrique d'après les renseignements recueillis par Antoine D'Abbadie à Berbera en 1840 et 1841 par M. D'Avezac. „Bulletin de la Soc. de Géogr. de Paris", XVII, 1842.
Beke, Dr. C. Th. — Map of the Countries South of Abyssinia. „Journal of the Royal Geogr. Soc. of London", vol. XIII (1843) und vol. XVII (1847).
Map to illustrate Dr. Beke's Excursion in Shwá. „Journal of the Royal Geogr. Soc.", XII, 1843.
Karte von Abessinien, nach den neuesten und besten Quellen entworfen von James McQueen, berichtigt von C. W. Isenberg 1844. Beigefügt dem Werke Isenberg's: „Abessinien und die evangelische Mission". Bonn 1844.
Abyssinia, constructed from the latest and best autorities by James McQueen with additions by Major Harris. — Beigegeben Harris' Werke: The Highlands of Aethiopia, London 1844; in deutscher Uebersetzung auch in der deutschen Ausgabe von Harris Werk enthalten.
Sketch map shewing the Watersheds of Abyssinia. In dem Johnston'schen Werke: Travels in Southern Abyssinia, London 1844, 1. Band.
Map of illustrate Lieutenant Burton's route to Harar from a sketch by the late Lieutenant W. Stroyan. Beigefügt Burton's Werk: First footsteps in East Africa, London 1856.
Africa. Sheet VI. from the Juba Islands to Muscat, with the entrance to the Read Sea, by the order of the Right Honble the Lords Commissioners of the Admirality under the direction of Capt. W. F. W. Owen from 1822—1826. Corrected 1856. Maasstab 1 : 3,650,000.
Karte der Somáli-Küste und des Golfs von Aden. Zur Uebersicht der Ergebnisse von Th. von Heuglin's Reise, September bis Dezember 1857. Mit Benutzung der grossen trigonometrischen Aufnahmen von Carless, Barker, Christopher, Haines und Anderen von A. Petermann (mit Kärtchen von Berbera und Umgebung in 1 : 500,000). Maasstab 1 : 2,500,000. „Petermann's Mittheilungen", 1860, Tafel 18.
Das rothe Meer und die wichtigsten Häfen seiner Westhälfte zur Uebersicht der Ergebnisse von Theodor von Heuglin's Reise 1857. Nach der grossen Moresby'schen und anderen Aufnahmen, sowie nach handschriftlichen Croquis Th. v. Heuglin's von A. Petermann. Maassstab 1 : 5,000,000. „Petermann's Mittheilungen", 1860, Tafel 17.

Map of East-Africa shewing the routes of Dr. Krapf between 1837—1855. Beigegeben dem deutschen Originale des Reisewerkes: Reisen in Ost-Afrika, Stuttgart und Kornthal 1858 und der englischen Traduction, London 1860.
Africa. East Coast. Trigonometrical Survey of the African Coast from Jibul Jarne to Sayara by Barker and Christopher 1841. Corrected to 1862. 2 Blatt. Maassstab 1:300,000. Hydrographial office, 1863, No. 253[b]. — Die Karte in „Petermann's Mittheilungen", 1860, Tafel 18 ist zum Theile Reduction davon.
Phyto-geographische Karte des Nilgebietes und der Uferländer des rothen Meeres nach älteren und neueren Quellen, entworfen und gezeichnet von Dr. Georg Schweinfurth. Maassstab 1:10,000,000. „Petermann's Mittheilungen", 1868, Tafel 10.
Zoo-geographische Karte des Nilgebietes und der Uferländer des rothen Meeres von Theodor von Heuglin 1869. Maassstab 1:10,000,000. „Petermann's Mittheilungen", 1869, Tafel 21.
Afar Country and the Northern Parts of the Abyssinian Highlands. „Journal of the Royal Geographical Soc. of London", XXXIX (1870).
Karte des mittleren Ost-Afrika und der ostafrikanischen Inseln zur Uebersicht der Reisen des Baron C. Claus von der Decken und seiner Begleiter 1860 bis 1871 und der wichtigsten Reiserouten und Handelsstrassen in das Innere. Gezeichnet von B. Hassenstein. Maassstab: 1:7,500,000. Beigegeben dem II. Bande des Decken'schen Reisewerkes. Leipzig und Heidelberg 1871.
Uebersichts-Karte von Abessinien von A. Petermann. Maassstab 1:8,500,000. „Petermann's Mittheilungen", 1876, Tafel 15.
Muhammed Muchtâr und 'Abd'ullâh Fausi. — Carte de la partie du royaume d'Adel, située entre Zeila et Harâr. (Expedition de S. E. Raouf-Pacha. Caire.) Maassstab 1:964,000. État-major Général égyptien. 1876.
Plan de la ville de Harar, fait par M. M. les officiers de l'État-major Général Égyptien, attachés à l'expedition de S. E. Raouf-Pacha. Caire. État-Major Général Égyptien, 1876.
Cora, Guido, Carta speciale delle regioni Galla e Somali tra lo Scioa ed il Golfo d'Aden. Scala 1:200,000. Torino 1876.
Itinerario sequito dai Cap[ni] Martini e Cecchi da Zeila allo Scioa in proiezione di Mercatore. Scala 1:725,000. „Memorie della Soc. Geogr. Italiana", 1878, 1, 1.
Dalla Vedova, Giuseppe, La regione tra Zeila e lo Scioa disegnata secondo i rilievi e le carte dei Signori Cecchi e Martini e secondo la carta speciale di Guido Cora. Scala 1:180,000. „Memorie della Soc. Geogr. Italiana", 1878, I, 2.
Pianta di Zeila. Rilevata nel maggio 1876 dall' ingegnere Giovanni Chiarini. Rapp° 1:10,000. „Memorie della Soc. geogr. Italiana", 1878, I, 2.
Kartenskizze der Küste der Somâl, welche die Offiziere des Avisodampfers „Rapido" (Comm. Carlo de Amezaga) 1879 im Maassstabe von 1:100,000 angefertigt. „Rivista maritima", XII, 1879. Fasc. X.
Reiseroute des Grafen W. von Zichy im Gebiete der Danakil im März 1875. Maassstab 1:1,000,000. „Petermann's Mittheilungen", 1880, p. 133.
Karte der Bai von Assab mit ihren Inseln. Maassstab 1:60,000, Plan der Station Buja, Maassstab 1:20,000; Karte der Umgebung von Assab, Maassstab 1:174,000. „Bolletino della Soc. Geogr. Italiana", 1881, Oktober.
Carta originale delle regioni Galla, Somali, Adal tra il Golfo di Tegiura e Harar specialmente secondo i rilievi ed i disegni di G. M. Giulietti, 1879 e le esplorazioni anteriori di Harris, Burton, Chiarini, Cecchi e. a. costrutta e disegnata da Guido Cora. Scala 1:1,000,000. Torino 1881. — Auch im „Bolletino della Soc. Geogr. Italiana", 1881. Fasc. 6 und im „Cosmos" Cora's, 1881, No. 9.

Gerhard Rohlfs' Expedition nach Abessinien vom November 1880 bis April 1881. Nach Dr. Rohlfs' Itinerarskizze und Höhenbeobachtungen, sowie nach Dr. Stecker's Karte des Tana-Sees und älteren Quellen gezeichnet von B. Hassenstein. Maassstab 1:1,300,000. „Petermann's Mittheilungen", 1881, Tafel 18. — Enthält auch die Reiseroute Raffrey's von 1882, von welcher sich im „Bulletin de la Soc. de Géogr. de Paris", 1882, Heft 2 eine Uebersichtskarte in 1:1,000,000 findet.

Cora, Q., Carta speciale della Baia d'Assab ed adiacenze costrutta e disegnata specialmente secundo rilievi originali italiani. Scala 1:250,000. „Cosmos", 1882, vol. V—VI.

Itinerari della frontiera scioense al mare secondo informazioni raccolte dal Cte P. Antonelli. Scala 1:2,400,000. „Bolletino della Soc. Geogr. Italiana", 1882.

Carta provisoria delle esplorazioni del Cap. Antonio Cecchi ed ing. Giovanni Chiarini. Scala di 1:2,000,000. „Bolletino della Soc. Geogr. Italiana", 1882. Fasc. V—VI.

A Map of Eastern Equatorial Africa between lat. 10° N. and 20° S. and East of Long. 25°. Compiled by C. G. Ravenstein, and published under the autority of the Royal Geographical Society of London. 1882. Maassstab: 1:1,000,000. Besonders die Blätter 3, 4, 5, 6, 9, 10 und 11 hierher gehörig.

Carta del Guraghè ed adiacenze secondo G. Bianchi, A. Cecchi, G. Chiarini e. a. costrutta e disegnata da G. Cora. Scala: 1:1,200,000. Cora's „Cosmos", VII, 1882—83, X, XI und XII.

Rozier, W., Partie de l'Afrique voisine du détroit de Bab-el-Mandeb. 1:300,000. „L'Afrique explorée et civilisée", 1883, No. 12.

Nord-Ost-Afrika und Arabien von A. Petermann im Maassstabe von 1:12,500,000. Neuere Bearbeitung von H. Berghaus. Stieler's Handatlas, No. 70. Gotha 1883.

Uebersichtskarte zu Révoil's Reise im Somâl-Lande. Maassstab 1:1,500,000 in „Bulletin de la Soc. de Géogr. de Paris". 1882, Heft 2. In eben demselben Hefte ist ein Uebersichtskärtchen von Raffrey's Reise in Abessinien.

Aufnahmen des ägyptischen Generalstabs in Harâr, umfassend die Stadt, deren nächste Umgebung und die Karawanenstrasse durch das Gebiet der Noli-Galla im Maassstabe von 1:100,000. Vgl. darüber John Baron v. Müller in „Petermann's Mittheilungen", 1883, pp. 239 f.

Druckfehler.

Pag. 1, 8. Zeile von unten tilge das Gleichheltszeichen.
„ 4, 6. Zeile von oben lies „ein" statt einen, und
 11. Zeile von oben schreibe „weiter" statt dann.
„ 19, 15. Zeile von oben lies „Beschneidung" statt Entmannung.
„ 31, 14. Zeile von oben lies „Nordosten" statt Nordwesten.
„ 48, 16. Zeile von oben lies „vor" statt von.
„ 1, 39 und 48 lies richtiger „Muchtâr" für Moktar.